생각이
크는
인문학

마음

생각이 크는 인문학_마음

지은이 한기호
그린이 이진아

1판 1쇄 발행 2014년 6월 20일
1판 12쇄 발행 2023년 7월 1일

펴낸이 김영곤
키즈사업본부장 김수경
에듀3팀 이영애 박시은
아동마케팅영업본부장 변유경
아동마케팅1팀 김영남 황혜선 이규림 정성은
아동마케팅2팀 임동렬 이해림 최윤아 손용우
아동영업팀 한충희 강경남 오은희 김규희 황성진
디자인팀 이찬형

펴낸곳 (주)북이십일 을파소
출판등록 2000년 5월 6일 제406-2003-061호
주소 (우 10881) 경기도 파주시 회동길 201(문발동)
연락처 031-955-2100(대표) 031-955-2177(팩스)
홈페이지 www.book21.com

ISBN 978-89-509-5469-7 43180

책 값은 뒤표지에 있습니다.

• 제조자명 : (주)북이십일
• 주소 및 전화번호 : 경기도 파주시 회동길 201(문발동) / 031-955-2100
• 제조연월 : 2023.07.
• 제조국명 : 대한민국
• 사용연령 : 8세 이상 어린이 제품

생각이 크는 인문학

❺ 마음

글 한기호 **그림** 이진아

을파소

목 차

마음이라는 우주를 여행해 보세요

아주 어렸을 때 푹 빠졌던 만화영화가 있었습니다. 제목은 〈사이보그 009〉. 001부터 009까지 아홉 명의 사이보그가 등장하여 악당을 물리친다는 내용으로 예쁜 사이보그까지 등장해 빠져들지 않을 수 없었죠. 제가 로봇이나 사이보그, 안드로이드, 그리고 더 나아가 외계인처럼 인간과 비슷한 존재들에게 관심을 가지게 된 게 아마 그때부터가 아닌가 싶습니다.

어릴 때부터 만화영화나 SF영화 속에서 보아 왔던 사람처럼 생각하고 행동하는 로봇이 현실에서 존재할 수 있을지, 그들이 인간이 지닌 마음을 가질 수 있을지, 제겐 무척 궁금한 수수께끼였습니다. 그러고 보니 '로봇도 마음을 가질 수 있는가'하는 질문은 저의 오랜 숙제였던 셈이죠.

그런데 다행히도 이런 궁금증은 저 혼자만의 것은 아니었습니다. 많은 철학자들을 비롯한 수많은 학자들이 이 문제에 대해 고민해 왔으며, 그들의 고민은 제게 훌륭한 길잡이가 되었습니다. 특히 최근의 과학적 연구는 마음에 관한 어려운 문제들을 해결해 주었지만 또 그만큼의 어려운 질문들을 던져주기도 했습니다. 그러니 이 책에 그러한 성과들을 담지 않을 수 없겠지요. 하지만 안타깝게도 인문학을 공부한 사람으로서 과학자들만큼 마음에 대한 과학적 연구 성과를 충분히 활용하지 못한다는 한계가 있습니다. 이러한 부족함과 아쉬움이 보인다면, 그건 전적으로 저의 탓이기에 미리 이해를 부탁드려야 할 것 같습니다.

　하지만 나름대로 오묘하고 신비한 마음의 비밀을 어린 학생들이 충분히 이해할 수 있는지를 되물어 가며 이야기를 전개했음은 분명히 밝혀 둡니다. "구슬이 서 말이라도 꿰어야 보배"이듯이 아무리 좋은 이야기와 유용한 정보가 담겨 있다 해도, 독자가 없다면 그저 재활용 종이에 불과하다는 생각을 가지고, 독자들의 시각에서 문제를 풀어내고자 노력했습니다. 그게 성공적이길 바랍니다.

　수백 년 전 어떤 철학자는 마음속에 온 우주가 담겨 있다고 말했습니다. 물론 실제 우주는 아니지만 마음이 이룩한 놀라운 성과를 보고 있자면 어떤 의미에서 우리의 마음속에는 정말 온 우주가 담겨 있는 게 아닌가 하는 생각이 듭니다. 이 책을 통해 여러분이 각자 마음속에 품고 있는 그 우주를 잘 들여다보고 이해할 수 있는 시간이 되길 바랍니다.

아차산 아래 긴고랑에서

한기호

몸의 주인과 마음의 주인

상상은 재미와 감동을 주는 소설과 영화 속에만 등장하는 것은 아닙니다. 진지한 고민이나 중요한 판단을 내려야 할 때에도 상상이 큰 도움을 주곤 하지요. 지금부터 상상을 통해 '마음'이라는 주제를 생각해 볼까 합니다. 그 상상이 터무니없고 황당하다 할지라도 생생한 고민을 할 수 있도록 도와준다면 그것으로 충분한 가치가 있습니다. 어떤 상상인지 따라가 볼까요?

미래의 어느 날 두 대의 자동차가 충돌하는 사고가 발생했다. 두 차의 운전자인 철수와 명수는 가까운 병원 응급실로 실려 왔다. 응급실에 도착해 보니 철수는 온몸은 멀쩡하고 뇌만 죽은 뇌사 상태였고, 명수는 온몸이 크게 다쳤지만 뇌는 멀쩡한 상태였다. 결국 둘 다 살아남을 수 없다는 것을 잘 알고 있던 의사들은 고민 끝에 결단을 내렸다. 명수의 뇌와 철수의 몸을 합쳐서 한 사람만 살리기로 한 것이다. 그대로 두면 두 사람 모두 죽을 텐데, 둘을 합쳐 한 명이라도 살리면 모두 죽는 것보다 좋을 것이라 생각한 것이다. 두 사람의 보호자는 아직 병원에 도착하지 않았지만 시간을 지체할 겨를이 없었다. 바로 시작한 수술은 성공적으로 끝났다.

현실에서는 결코 일어나지 않을 일입니다. 의학이 그 정도로 발달하지도 않았고, 의학이 발달한 미래라고 해도 이런 수술이 가능하다는 보장은 없으니까요. 또 두 사람을 하나로 합친다는 것은 윤리적인 문제 때문에 쉽게 결정할 수 없는 일이기도 합니다. 그러니 이것은 상상일 뿐입니다. 현실적인 문제는 모두 제쳐두고 진짜 이런 일이 일어난다고 상상해 보세요. 이렇게 수술을 마치고 나온 그 사람은 누구일까요? 철수일까요, 명수일까요? 이 질문을 좀 더 구체적으로 물을 수도 있을 것입니다.

1. 환자의 의식이 아직 돌아오지 않은 상황에 병실에 도착한 명수와 철수의 가족들은 그 환자를 누구라고 할까?

2. 의식이 돌아온 환자는 자신을 누구라고 할까?

3. 상황을 알게 된 후에 가족들과 환자 자신은 그 환자를 누구라고 해야 할까?

　황당한 상상이긴 하지만 이 상상으로 사람이 사람을 판단할 때 무엇을 중요하게 여기는지 생각해 볼 수 있습니다.

　이 질문에 답하기 위해서는 몸과 마음 사이의 문제를 고민해야 합니다. 새로 만들어진 그 사람은 몸의 주인인 철수인가요, 마음의 주인인 명수인가요? 여러분도 대답해 보세요.

"그 사람은 (   )이다."

    의식이 돌아오지 않은 상태에서는 누구든 그 사람이 철수라고 말할 것입니다. 아무것도 모르는 상태에서 알 수 있는 것은 몸밖에 없으니까요. 하지만 환자의 의식이 돌아온다면 상황은 달라집니다. 환자는 자신이 명수라고 말할 것입니다. 생각과 기억은 명수의 뇌에서 나오니까요. 그럼 이 모든 것을 알게 된 후에는 그 환자를 누구라고 해야 할까요? 또 사정을 알게 된 환자는 자신을 누구라고 할까요?

    이 사고실험*으로 사람들이 누군가를 판단할 때 몸보다는 마음을 더 중요하게 생각한다는 점을 알 수 있습니다.

> ★사고실험 실제 실험은 특정한 상황에서 실험 장치를 이용하여 결과를 얻어내지만 사고실험은 상상 속에서 생각만으로 진행된다. 흔히 현실 속에서는 만들어 내기 힘들거나 불가능한 상황을 정교한 상상 속 실험으로 그 결과를 얻는다. 철학이나 물리학에서 주로 사용한다.

    인생을 살아가면서 수많은 사람을 만납니다. 그중에는 잘 아는 사람도 있고, 잘 모르는 사람도 있습니다. 여러분은 어떤 경우에 그 사람을 잘 안다고 생각하나요? 그 사람의 이름, 얼굴, 키와 몸무게, 더 나아가서 사는 곳, 가족관계 등을 알면 잘 안다고 할 수 있나요? 그 사람의 표면적인 부분만 알고, 내면을 알지 못할 때 '겉만 알고 속은 모른다'고 말합니다. 하지만 그 사람이 어떤 생각을 하고 있는지 알 때는 그 사람을 진정 잘 알고 있다고 말할 수 있지요.

물론 몸을 무시할 수는 없지만 결국 사람의 정체성, 즉 "그 사람은 누구인가?"에 대한 제대로 된 대답은 그 사람의 마음에서 나온다고 해야 할 것입니다. 이런 이유로 인간에 대해서 잘 알기 위해서는 마음을 이해하는 것이 중요합니다.

미스터리한 마음의 존재

사전에서는 우주를 다음과 같이 정의합니다.

존재하는 모든 물질을 포함하는 공간과 시간의 전체

이 정의에 특별히 반대할 이유는 없지만, 이렇게 정의할 경우 문제가 있습니다. 그것은 바로 마음이 어디에 있는가 하는 점입니다. 마음은 물질일까요, 아닐까요? 만약 마음이 물질이 아니라면 마음은 우주 바깥에 존재하거나 아예 존재하지 않는다고 해야 할 것입니다. 그런데 자신에게 마음이 없거나, 우주 밖에 있다는 생각에 동의하는 사람은 많지 않을 것입니다. 그럼 남은 선택은 마음도 일종의 물질이라고 말하는 것이지요. 하지만 인간의 다양한 정신적인 능력을 담고 있는 '마음'을 우주의 일부를 구성하는 '물질'이라고 하는 것도 어색합니다. 마음에는 물질이 지닌 특징이 없어 보이니까요. 책상을 예로 들어 물질의 성질을 알아볼까요? 책상은 일정한 크기와 무게, 색깔이 있고 손으로 만져 보면 표면의 굴곡도 느껴집니다. 또한 작게 쪼갤 수도 있습니다. 쪼개고, 쪼개고 또 쪼개고…… 반복해서 쪼개다 보면 눈에 보이지 않는 분자*나 원자*가 될 때까지도 나눌 수 있습니다. 눈에 보이지 않는 작은 입자로 쪼개지기도 하고 그것을 합하면 다시 큰 물체가 되기도 합니다. 이것은 모든 사물의 특징입니다.

★ 원자 물질의 기본 구성 단위
★ 분자 물질에서 화학적 형태와 성질을 잃지 않고 분리될 수 있는 최소의 입자

　그런데 마음도 물질이라고요? 그럼 마음도 크기가 있나요? 무게는 얼마나 될까요? 이런 질문에 대답하려니 참 난처합니다. 본 적도 없는 마음의 크기와 무게라니요! 무엇보다도 마음은 어디에 있나요?

　대부분의 사람들은 자신의 마음은 자신의 몸 어딘가에 있다고 생각합니다. 그런데 마음에 모양이나 크기, 무게가

없다면 그곳이 어느 곳이든 존재한다는 것은 말이 되지 않습니다. 냉장고는 부엌에 있고, TV는 거실에 있다고 말할 수 있는 것은 부엌과 거실에 냉장고와 TV를 놓을 수 있는 공간이 있고, 냉장고와 TV에 모양과 크기가 있기 때문입니다. 만일 냉장고에 모양이나 크기가 없다면 부엌에 냉장고가 있다는 말은 잘못된 말이 됩니다.

더욱 곤란한 점은 이처럼 크기와 모양, 위치를 알 수 없는 마음이, 그래서 물질인지 아닌지조차 파악하기 힘든 마음이, 힘은 무척이나 강하다는 것입니다.

인류의 문명과 문화는 지구상에서 인간을 가장 독특한 존재로 만들어 주었습니다. 인간의 문명과 문화를 탄생시킨 것이 바로 '마음'이지요. 무게나 모양도 없이, 어쩌면 존재하는지 아닌지도 알 수 없는 마음이 어떻게 이렇게 대단한 능력을 가질 수 있을까요?

마음에 대해 좀 더 깊게 살펴보면 마음에 대해 모르는 것은 더 많아집니다. 마음을 연구하는 '심리학'이라는 학문은 그 역사가 기껏해야 백여 년밖에 되지 않았습니다. 하지만 그렇다고 해서 인간이 마음에 관심을 가지기 시작한 게 그 정도인 것은 아닙니다. '마음'은 아주 오래 전부터 인간의 최고 관심사였죠. 철학은 2천 년이 넘게 마음에 대해

고민해 왔으며, 심리학보다 역사가 오래된 '경제학'이나 '사회학' 같은 학문도 인간의 생각과 행동을 연구하는 학문이니 굉장히 다양한 분야에서 연구되어 왔다고 할 수 있습니다. 하긴 인간의 활동 중에서 마음과 관련되지 않은 게 얼마나 있을까요? 인간의 활동에 대해 연구하는 학문이라면 당연히 인간의 마음에 대한 연구도 함께 해 왔을 테니까요. 그러니 마음에 대한 연구는 꽤 오랫동안 진행되어 왔다고 할 수 있습니다. 그런데 문제는 학자들마다, 시대에 따라 다른 이야기를 한다는 것입니다. 마치 서로 다른 것을 본 것처럼 말이죠.

'셀카'를 찍을 때 '얼짱 각도'라는 것이 있습니다. 같은 사람을 찍어도 어느 각도로 찍느냐에 따라 얼굴이 완전히 달라 보이기 때문입니다. 그래서 잘 나온 사진을 보고 기대했더니 실물은 그렇지 않은 경우가 있지요. 그 사람의 진짜 모습은 무엇일까요? 얼짱 각도로 찍은 사진 속 모습은 그 사람이 아닐까요? 잘 나온 사진의 모습도, 그렇지 않은 실물의 모습도 그 사람인 것처럼 진짜 그 사람의 모습은 하나가 아닙니다. 이쪽에서도 보고 저쪽에서도 보고, 다양한 모습들을 모두 보게 될 때 그 사람의 진짜 모습을 봤다고 할 수 있습니다.

우리의 목적은 인간의 마음이 어떤 모습을 하고 있는지 알아내는 것입니다. 그러기 위해 다양한 면에서 마음을 바라볼 것입니다. 어떤 곳에선 마음이 고귀하게 느껴지다가도 어떨 땐 웃기고 황당해 보일 수도 있을 것입니다. 그 모습들을 모두 모아서 마음의 전체 그림을 그려야 합니다. 그 모든 게 마음의 모습일 테니까요.

처음으로 마주하게 될 마음의 얼굴은 인조인간의 마음입니다. 인간의 마음을 학문적으로 연구하는 사람들과 달리 상상력으로 이야기를 만들어 내는 소설이나 영화에는 마음을 가진 색다른 존재가 등장합니다. 이들을 통해 도대체 무엇을 마음이라고 부르는지 생각해 보겠습니다.

허수아비, 양철나무꾼, 피노키오의 소원

프랭크 바움의 소설 『오즈의 마법사』에는 허수아비와 양철나무꾼이 등장합니다. 그들은 회오리바람에 실려 오즈의 나라에 떨어진 도로시가 집으로 돌아갈 수 있도록 도와주며 함께 여행을 다닙니다. 오즈의 마법사가 자신들의 소원도 들어줄 것이라는 기대를 품고 말입니다. 허수아비는 뇌를 원했고, 양철나무꾼은 심장을 원했죠. 그들은 자신들이 뇌가 없어서 지혜롭지 못하고, 심장이 없어서 따뜻한 마음이 없다고 생각했기 때문입니다. 그런데 오즈의 마법사를 만났을 때 이미 그들에겐 지혜와 따뜻한 마음이 있었음을 알게 됩니다. 여기에서 한 가지 궁금증이 생깁니다. 허수아비와 양철나무꾼이 그토록 가지고 싶었던 지혜와 마음은 어떻게 생겨났을까요? 뇌와 심장 없이도 지혜와 마음이 생길 수 있는 것일까요?

이런 생각은 다른 이야기에서도 찾아볼 수 있습니다.

이탈리아 작가 콜로디의 작품 『피노키오의 모험』의 주인공 피노키오는 제페토 할아버지가 만든 나무 인형입니다. 요정의 도움으로 사람처럼 말하고 행동하는 피노키오는 할아버지 말도 안 듣고 거짓말을 일삼는 말썽꾸러기입니다. 온갖 말썽을 부리며 모험을 하지만 마지막에 요정이 소원을 들어주어 '진짜 어린이'가 되지요.

피노키오의 모습은 보통 아이들의 모습과 다르지 않습니다. 먹고, 마시고, 부모님 말씀 안 듣고, 말썽을 부리고, 거짓말도 하는……. 그런데 왜 보통 아이들과 똑같이 행동하는 피노키오는 왜 온전한 사람으로 대접받지 못했을까요?

로봇과 인간이 결혼할 수 있을까?

최근에는 피노키오나 허수아비, 양철나무꾼 대신 로봇이 마음의 문제를 생각하도록 안내하고 있습니다. 게다가 로봇은 어느 정도 현실적인 존재이기 때문에 상상을 현실과 연결하는 훌륭한 다리 역할을 해 줍니다.

SF영화나 소설 속에 등장하는 로봇을 보면 '과연 로봇이 마음을 지녔는가?'라는 의문을 품을 수 있습니다. 이야기 속 로봇들은 거의 인간과 비슷한 모습을 하고 있거나, 모습은 달라도 마음이나 행동은 인간과 비슷해 보입니다. 하지만 사람들은 로봇에게 마음이 있다고 생각하지 않습니다. 마치 피노키오를 진짜 어린이로 인정하지 않았던 것처럼 말입니다. 그런데 진짜 사람보다 더 사람 같은 로봇은 사람들의 이런 태도가 얼마나 부당한지 묻고 있습니다.

미래의 어느 날 한 가정에서 '가정용 로봇'을 하나 구입하고 그 로봇에게 '앤드류'라는 이름을 지어 주었다. 그런데 그 로봇은 프로그램 오류로 '창의성'을 지니게 되어 집안일을 하는 틈틈이 다양한 작품들을 창작하기 시작했다. 주인아저씨는 그 작품들을 팔아 로봇의 계좌로 입금해 주고

집안일에서 줄여 주었지만 로봇은 두 가지 더 큰 것을 원한다. 하나는 완전한 독립이고, 다른 하나는 주인집 막내딸의 사랑이다. 주인아저씨는 결국 그 로봇을 완전히 자유로운 존재로 인정하지만 막내딸은 앤드류의 사랑을 받아들이지 못한다. 왜냐하면 앤드류는 로봇이기 때문이다.

이 이야기는 영화 〈바이센테니얼 맨〉의 내용입니다. 여러분이 생각하기에 앤드류는 완전한 자유를 얻을 자격이 있나요? 또 그는 사람과 사랑할 자격이 있을까요?

사람은 엄마를 통해 세상에 태어나고 뼈와 살과 피로 이뤄져 있으며, 생각하고 고민하고 사랑하고 미워하는 등의 다양한 마음을 지닌 존재입니다. 반면 앤드류는 공장에서 만들어졌으며, 금속과 플라스틱으로 이뤄져 있고, 전선과 회로에 흐르는 전기와 윤활유가 몸을 움직이게 하죠. 그리고 프로그램(물론 살짝 오류가 있긴 하지만)대로 작동합니다. 그런 앤드류를 사람으로 대할 수 있을까요? 사람처럼 마음을 지닌 존재로 인정할 수 있을까요?

아마 많은 사람들이 그 질문에 긍정적인 대답을 할 것 같지 않습니다. 어쨌든 앤드류는 로봇이니까요. 그래서 앤드류는 인간이 되기 위해 최고의 로봇 과학자를 찾아갑니다. 그곳에서 인공 장기를 이용하여 몸의 각 부분을 인간의 장기와 유사한 조직으로 바꾸는 수술을 받습니다. 이제 겉모습은 인간과 큰 차이가 없어졌습니다. 그리고 앤드류는 자신이 사랑하는 여인과 결혼할 수 있도록 자신이 인간임을 인정해 달라는 요청을 법원에 제출합니다. 과연 어떤 판결이 날까요? 영화 속 판결 장면으로 들어가 보죠.

재판관: 앤드류, 당신은 자신을 인간으로 인정해 달라고 했소. 그런데 당신이 아무리 인간과 닮았다 해도 당신에겐 인간의 유전자가 없소. 당신은 다른 생명처럼 태어난 게 아니라 만들어진 인조인간이오.

앤드류: 유전자를 가진 진짜 인간들도 제가 만든 인공장기를 달고 있습니다. 재판관님의 신장도 제가 만든 것으로 알고 있는데, 결국 재판관님의 신체 일부도 만들어진 것 아닙니까.

재판관: 일부는 그렇소.

앤드류: 저도 일부는 인간입니다.

재판관: 어디 말이오.

앤드류: 마음입니다.

재판관: 그럼, 두뇌는?

앤드류: 사실 아직은 인공 전자두뇌입니다.

재판관: 바로 그 전자두뇌 때문에 당신은 영원히 살 수 있지요.

앤드류: 맞습니다.

재판관: 사람들은 죽지 않는 로봇은 인정해도 죽지 않는 사람은 받아들이지 않습니다. 사람들의 질투와 분노를 일으킬 것이요. 안됐지만 앤드류 당신을 인간이라 인정할 수 없소. 이제 판결을 내리겠소. 본 법정은 인간의 권리를 주장하는 앤드류 마틴의 요구를 인정하지 않겠습니다. 당신은 기계에 불과하오.

자신을 인간으로 인정해 달라는 요구를 법원에서 받아들이지 않자 앤드류는 자신을 영원히 살 수 있게 해 주었던 인공두뇌를 인간의 두뇌로 바꿉니다. 그는 결국 영원한 삶을 포기하고 사랑하는 아내와 함께 죽을 운명을 선택하게 됩니다. 결국 법원도 그가 인간임을 인정하게 되지요. 앤드류는 기계로 태어났지만 인간으로 생을 마감하게 됩니다.

이 영화에서 줄곧 던지는 물음은 '인간의 기준은 무엇인가'입니다. 여러분은 인간인지 아닌지를 판단하는 기준이

우리 그냥
사랑하게 해주세요.

무엇이라고 생각하나요? '인공두뇌이냐, 인간두뇌이냐'일까요? 아니면 '죽느냐 죽지 않느냐'일까요? 앤드류의 아내는 그런 것과 상관없이 앤드류 그 자체를 인정하고, 사랑하고 결혼까지 합니다. 그녀에겐 앤드류가 단순한 기계가 아니기 때문이지요. 그녀가 앤드류를 로봇 이상으로 여기게 된 것은 무엇 때문이었을까요? 그녀는 앤드류와 대화하고 함께 식사하고 가끔은 싸우기도 하면서 그가 인간과 다르지 않다는 것을 느꼈을 것입니다. 그곳엔 앤드류의 몸이 무엇으로 만들어졌는지, 인공두뇌인지 아닌지 등의 문제는 전혀 끼어들 자리가 없었습니다. 그에게 사랑을 느끼게 된 것은 앤드류가 사랑할 줄 아는 마음을 가졌기 때문이니까요.

앤드류가 인간인지 아닌지의 문제는 앤드류가 마음을 지녔는지에 대한 질문으로 이해해도 좋을 것 같습니다. 무엇이 인간이냐는 질문은 앞에서 보았듯이 인간의 마음이 무엇이냐는 질문과 연결되기 때문입니다. 그래서 이렇게 질문해 볼 수도 있을 것입니다.

"인공두뇌를 가졌더라도 인간과 똑같은 마음이 있다면 앤드류도 인간으로 인정해야 할까요?"

어떤 사람들은 로봇의 마음에 대한 이야기는 상상 속

이야기이기 때문에 그렇게 진지하게 생각할 필요가 없다고 말할지도 모릅니다. 하지만 실제로 영국 정부의 의뢰로 작성된 한 보고서에 따르면 미래에는 의식을 가진 로봇에게 인간의 권리와 의무를 주어야 할 것이라고 합니다. 아주 먼 미래가 아닌 40년쯤 후인 2056년 전후에는 그런 일이 생길 것이라는 예측입니다. 이 기사가 나가자 〈파이낸셜 타임스〉에서는 "격분해 키보드를 두들기면 폭행 혐의로 기소될 날이 올 수 있다." "40년 후에 투표소에 간 당신 앞에 차세대 진공청소기가 서 있을지 모른다."라고 비꼬았습니다.

여러분은 키보드를 동료로 받아들일 준비가 되어 있나요? 진공청소기와 함께 어떤 대통령이 필요한지 토론할 준비는 되어 있나요? 물론 키보드와 진공청소기는 상황을 비꼬기 위한 과장된 표현입니다. 하지만 앤드류나 피노키오, 허수아비라 할지라도 결국 인간이 아니라는 점에서 진공청소기와 다르지 않다고 생각할 수도 있습니다. 피노키오와 도로시의 친구들에 대해서 생각할 때에는 고민하지 않았던 현실적인 문제가 주어진 것 같습니다. 과연 우리는 그들을 어떻게 대해야 할까요? 인조인간은 인간과 동등한 대우를 받아야 할까요?

로봇은 참으로 친근한 존재입니다. 주변에서 볼 수 있는 로봇은 기껏해야 로봇청소기 정도일 텐데도 그리 낯설지 않죠. 그건 아마도 영화의 영향 때문일 것입니다.

영화에 로봇이 등장한 것은 상당히 오래되었습니다. 1927년 제작된 독일 영화 〈메트로폴리스(Metropolis)〉에 '마리아'라는 로봇이 처음 등장한 이래 로봇은 영화의 단골 소재였습니다. 그리고 컴퓨터가 발명되기 훨씬 이전부터 영화 속 로봇은 단순한 기계가 아니라 인간과 같은 마음을 가진 것으로 그려지곤 했습니다.

인간이 조종하는 것이 아니라, 인간 같이 스스로 움직이는 로봇을 지능형 로봇이라고 합니다. 영화 속에 등장하는 지능형 로봇들은 인간처럼 고민하고 갈등하고 화내고 슬퍼하며 즐거워하는 존재로 그려집니다. 심지어는 인간을 공격하고 해치기도 하는데, 이런 모습은 어찌 보면 인간이 지닌 폭력적인 모습까지도 닮은 것 같습니다.

여러분의 부모님들이 기억하는 최초의 지능형 로봇은 아마도 아톰일 것입니다. 아톰 이후에도 지능형 로봇은 영화에 꾸준히 등장해 왔습니다. 〈스타워즈〉의 알투디투(R2D2)와 씨스리피오(C3PO), 〈월E〉의 월E, 〈에이 아이〈A.I.〉의 데이빗, 〈바이센테니얼 맨〉의 앤드류, 〈블레이드 러너〉의 로이 베티, 〈아이 로봇〉의 써니, 〈터미네이터〉의 터미네이터 등…… 이 로봇들은 인간과 닮은 점이 참 많습니다. 겉모습은 다양하지만 그들의 지적인 능력은 인간과 쏙 빼닮았습니다.

아직은 현실에서 이런 로봇을 만날 수 없지만 로봇공학과 인공지능 연구가 급속도로 발전하고 있고 지능형 로봇이 조금씩 현실화되고 있습니다. 과학의 발전 속도로 볼 때 조만간 그런 로봇이 만들어지지 않을까 하는 기대를 하게 됩니다.

과학은 인간의 예측을 넘어설 만큼 놀랍게 발전하기도 하고, 때로는 인간의 상상에 못 미치기도 합니다. 로봇의 미래는 어떤 모습일까요? 과연 미래의 로봇은 인간의 마음을 가지게 될까요? 만일 그런 일이 벌어진다면 우리는 그들을 어떻게 대해야 할까요? 로봇 영화를 통해 앞으로 다가올지도 모를 미래에 대해 고민해 보는 것은 어떨까요?

2장

몸과
마음은
연결되어 있나요?

몸과 마음의 관계

인간의 마음을 연구하는 학문이라면 가장 먼저 심리학이 떠오릅니다. 심리학(psychology)은 '마음'이라는 뜻의 그리스어 '프시케(psyche)'와 '연구'를 의미하는 '로고스(logos)'의 합성어입니다. 학문의 이름만 봐도 심리학은 마음을 연구하는 학문이라는 걸 알 수 있습니다. 인류의 역사만큼 오랫동안 인간의 마음에 대해 궁금해했으니 심리학의 역사는 인류의 역사와 비슷하거나 다른 학문의 역사보다 길 것 같지요? 하지만 예상과 달리 심리학은 그 역사가 무척이나 짧습니다. 학문으로서 형태를 갖추고 등장한 게 고작 130년밖에 되지 않는다고 하니 아주 최근에 태어난 학문이지요.

그런데 정말 인간의 마음을 연구한 지가 130여 년밖에 되지 않을까요? 그 이전에는 마음에 대한 연구를 하지 않

앗을까요? 그 대답은 '전혀 그렇지 않다'입니다. 심리학의 역사 130년은 심리학이 철학으로부터 독립한 시간을 의미합니다. 철학은 '학문의 어머니'라 불릴 만큼 대부분의 학문에 뿌리를 두고 있습니다. 과학도 철학에서 독립한 것이 400여 년밖에 되지 않았지요. 심리학 이전에 어떻게 사람의 마음을 탐구했는지는 철학을 통해 확인해 볼 수 있습니다.

'마음'에 대해 이야기 할 때 항상 따라오는 것이 있습니다. 그것은 바로 '몸'입니다. 몸과 마음은 실과 바늘에 비할 정도로 떼려야 뗄 수 없는 관계를 맺고 있습니다. 하지만 그 둘의 모습은 달라도 너무 다릅니다.

몸은 물질입니다. 물론 책상이나 돌멩이와는 생명이 있다는 점에서 다르지만 그렇다고 물질의 특징이 없는 것은 아닙니다. 인간의 몸은 크기와 모양, 색깔, 무게 등의 물질이 지닌 특징이 있습니다. 그래서 인간의 몸은 물질을 연구하는 과학자들의 연구 대상이 될 수 있었습니다.

반면 마음은 물질로서의 특징이 하나도 없어 보입니다. 대신 마음을 표현할 때에는 다음과 같은 말을 붙입니다. '슬픈', '기쁜', '무서운', '착한', '사랑에 빠진', '미워하는', '즐거운', '지루한', '희망에 찬', '절망적인', '옳은', '못된' 등등……. 몸을 표현할 때 붙이는 말과는 전혀 다르죠. 몸에는 '무거운', '가벼운', '차가운', '뜨거운', '평평한', '각진', '부드러운'과 같은 표현들이 따라옵니다.

이러한 몸과 마음의 차이는 단지 표현만으로 그치는 것은 아닙니다. 슬픔이든 기쁨이든 인간이 느끼는 감정은 무게도 크기도 모양도 없습니다. 머릿속으로 생각을 하거나 누군가를 좋아하는 마음이 들어도 이런 반응에는 물질적인 특징이 전혀 없습니다.

여기까지는 누구나 잘 알고 있는 상식입니다. 하지만 조금만 더 생각해 보면 신기한 점을 발견할 수 있습니다. 그것은 완전히 성질이 다른 몸과 마음이 어떻게 서로 영향을 주고받느냐는 것입니다. 게다가 마음은 물질적인 특징이 전혀 없는데 어떻게 그 존재를 알 수 있을까요? 이 두 질문은 마음에 대해 고민해 왔던 수많은 학자들을 괴롭혔던 수수께끼였습니다.

몸과 마음은 어떻게 서로를 움직일까?

초기 인간 마음에 대한 연구는 주로 몸과 마음의 관계에 초점을 맞추어 진행되었습니다. 몸과 마음은 무척 달랐지만 분명히 서로 특별한 관계가 있어 보였기 때문입니다. 배가 고프다는 생각이 들면 배에서 꼬르륵 소리가 나고, 먹을 것을 찾게 되죠. 생각은 행동을 하게 만들고, 행동은 특별한 생각이나 느낌, 감정을 만들어 냅니다. 너무나 당연하고 자연스럽게 경험하는 일상이지만 그 원리를 설명하기는 쉽지 않습니다. 철학자들에게도 몸과 마음의 관계는 풀기 힘든 수수께끼였습니다.

플라톤이나 아리스토텔레스 같은 고대 그리스의 철학자들은 흔히 영혼이라고 부르는 신비로운 존재를 통해 마음을 설명했습니다. 그들은 몸과 마음은 근본적으로 다른 존재라서 어느 하나가 다른 하나에 속하지 않는다고 했습니다. 인간은 몸과 마음을 모두 가지고 있는데 몸은 자연 속의 존재이고, 영혼은 신적인 존재입니다. 자연의 존재인 몸은 시간이 흐름에 따라 늙고 병들어 결국은 죽어서 가루가 되고, 신적인 존재인 영혼은 물질적인 특징이 없으므로 사라지거나 변할 수 없다는 것입니다. 그래서 몸과 달리 영혼은 사람이 죽은 후에도 사라지지 않고 어딘가에 존재하게 된다는 것이지요.

소크라테스의 죽음을 묘사한 플라톤의 『파이돈』에서 죽음 앞둔 소크라테스는 흐느끼는 친구와 제자들에게 자신의 죽음은 육체에서 영혼이 해방되는 것을 의미하니 오히려 기뻐할 일이라고 말합니다. 이런 생각은 그 당시 사람들의 일반적인 생각이었던 것 같습니다. 그런데 요즘에도 그 생각은 크게 바뀐 것 같지는 않습니다. 지금도 많은 사람들이 영혼은 사라지지 않는다는 '영혼불멸'에 대해 믿고 있으니까요. 귀신이나 유령 등의 영혼을 믿는 사람들이나, 종교적인 의미의 영원한 삶, 신적인 존재를 믿는 사람들까지 포함한다면 영혼불멸에 대한 생각은 사람들 사이에 광범위하게 퍼진 상식이 아닐까 하는 생각마저 듭니다.

하지만 이런 생각은 몸과 마음의 관계를 설명하기에 부족함이 많았습니다. 앞서 보았듯이 몸은 일종의 물질입니다. 물질은 다양한 성질을 갖고 있고, 각자의 성질은 다른 물질과 서로 영향을 주고받으며 변화를 겪게 되죠. 그중에서도 과학자들이 주로 주목하는 것은 바로 인과관계입니다. 이 세상 모든 사물은 주변의 사물과 영향을 주고받는 인과관계를 맺고 있습니다. 사과가 땅으로 떨어지는 것은 지구와 사과 사이에 작용하는 중력이 원인이며, 식중독은 상한 음식이 원인인 것처럼 사물과 사물 간의 사건에는 원인과 결과가 있습니다.

인간의 마음도 몸과 그런 인과관계를 맺을 수 있을까요? 당연히 그렇다고 대답할 수 있을 것 같지만 사실은 그리 쉽게 대답할 수 있는 문제는 아닙니다. 몸은 분명 크기와 모양과 무게가 있는 사물인데 반해 마음은 크기도 모양도 무게도 없는 그 무엇이기 때문입니다. 어떻게 아무런 크기도 모양도 무게도 없는 마음이 묵직한 몸을 움직이는 원인이 될 수 있을까요?

다양한 이야기에 등장하는 귀신들은 사물과 달리 무게

나 크기, 모양이 없습니다. 귀신은 벽을 뚫고 지나가기도 하고 옆에 있어도 보이지 않는 존재입니다. 하지만 때때로 사람들 앞에 나타나거나 사람들을 괴롭히기도 한다지요. 귀신은 영혼만 떠돌아다니는 존재인데, 어떻게 다른 사물에 영향을 미치는 걸까요?

사람들은 마음을 일종의 귀신처럼 생각하는 것 같습니다. 하지만 마음이 정말 귀신처럼 실체가 없다면 몸과 마음의 인과관계를 설명할 수가 없습니다. 인과관계는 사물과 사물 사이에서만 성립되기 때문입니다. 그렇다고 몸과 마음이 인과관계가 아니라고 할 수도 없습니다. 몸이 마음을 움직이고 마음이 몸을 움직인다는 점은 부정할 수 없는 사실이니까요.

여러 가지 얼굴의 마음

17세기 서양에서 마음에 대한 생각에 변화가 나타나기 시작했습니다. 영국의 철학자 홉스는 몸과 마음이 전혀 다른 존재라는 전통적인 의견에 반기를 들었습니다. 홉스는 인간의 마음은 몸과 분리하여 이해할 수 없다고 하면서 인간은 일종의 '기계'와 같다고 주장했습니다. 신체 활동은 물론이거니와 마음의 다양한 활동(감각이나 생각, 계산, 감정 등)까지도 두뇌라고 하는 신체의 기계적인 운동의 결과라고 생각했습니다. 다시 말해 홉스는 마음도 몸의 일부라고 생각한 것입니다.

"나는 생각한다. 그러므로 존재한다"라는 말로 유명한 프랑스 철학자 데카르트도 홉스와 마찬가지로 인간의 몸은 기계에 불과하다고 주장했습니다. 하지만 홉스와 달리 데카르트는 인간의 마음은 몸과 전혀 다른 특징이 있다는 이전의 주장을 그대로 받아들이는 주장을 펼쳤습니다. 데카르트의 주장은 "몸은 완전히 물질적인 것이어서 정신적인 특징이 전혀 없으며, 마음은 완전히 정신적인 것이어서 물질적인 특징이 전혀 없다"는 것입니다. 대신 몸과 마음의 인과관계를 설명할 다른 해결책을 찾아냈습니다. 그것은 바로 두뇌에 있는 '송과선(pineal gland)'입니다. 송과선이라는 두뇌의 일정한 곳에서 몸과 마음이 연결됨으로써 서로 영향을 주고받을 수 있게 된다는 것이지요. 그는 송과선을 일종의 신호 변환기라고 설명했는데, 거기서 몸의 신호가 마음의 신호로 바뀌고, 마음의 신호가 몸의 신호로 바뀐다고 생각했던 것입니다.

만일 실제 송과선이 그런 역할을 했더라면 몸과 마음의 비밀은 해결되었을 것입니다. 하지만 이후 송과선*의 역할은 그런 것이 아니라는 사실이 밝혀졌습니다. 그뿐만이 아닙니다. 아무리 두 뇌에 마음의 신호를 몸의 신호로 변환하는 부분이 존재한다고 해도 그곳은 결국 몸의 일부입니다. 때문에 마음의 신호가 어떻게 몸의 일부인 송과선에 영향을 주는지는 여전히 해결되지 않은 문제로 남게 되는 것입니다. 결국 데카르트도 몸과 마음의 인과관계에 대해 설명해내지 못한 것이지요.

> ★ 송과선 척추동물의 뇌 속에 있는 작은 내분비기관이다. 잠이 들고 깨게 하며, 계절마다 육체를 조정해 주는 호르몬을 생산한다.

그래서 이후의 철학자들은 데카르트가 상상한 인간의 모습을 가리켜 '기계 속의 유령'이라는 말로 비아냥거리기도 했습니다. 몸은 기계인데 그 안에 유령 같은 종잡을 수 없는 마음이 자리 잡고 있다는 것이었죠.

그 이후로도 이 문제에 많은 철학자들이 달라붙어 해결하고자 노력했지만 명확한 해결책이 나오진 않았습니다.

독일의 철학자 라이프니츠*는 마음과 육체가 서로 영향을 주고받는다는 생각 자체를 거부했습니다. 그럼에도

> ★ 라이프니츠(G. W. Leibniz, 1646~1716) 독일의 철학자이자 수학자이다. 데카르트, 스피노자와 함께 17세기 3대 합리주의자로 꼽힌다.

불구하고 마음과 몸이 서로 영향을 주고받는 것처럼 보이는 이유는 전지전능한 신이 세상을 만들 때 세상의 모든 일에 순서를 결정해 주었으며, 몸과 마음의 작동도 이미 신이 어떻게 작동할지 예정했기 때문이라는 것입니다. 지금 생각하면 터무니없어 보이지만 당시는 기독교가 철학에 큰 영향을 미치던 시기였기 때문에 이런 생각이 가능했습니다.

　뒤이어 등장한 프랑스의 철학자 말브랑슈는 라이프니츠와 비슷하지만 조금은 다른 해결책을 제시했습니다. 몸과 마음이 서로 관계가 있는 것처럼 보이는 이유는 신이 항상 몸과 마음 사이에서 조정하기 때문이라는 것입니다. 몸과 마음 사이에 신이 자리 잡고 있어서 몸이 어떤 신호를 보내면 신이 그것을 마음에 보내 주고, 마음이 어떤 신호를 보내면 그것을 몸에 보내 주는 식으로, 항상 신이 몸과 마음 사이에서 개입하여 일을 처리한다는 것이죠. 라이프니치가 생각했던 신은 처음에 한번 몸과 마음을 연결시켜 서로 영향을 주고받도록 했다면 말브랑슈의 신은 매순간 몸과 마음 사이에 개입해 일을 처리했다는 것이 다른 점입니다. 말브랑슈의 신은 무척이나 바빴을 것 같네요.

　그런가 하면 스피노자*는 이들과 전혀 다른 설명을 했

습니다. 그는 몸과 마음은 완전히 다른 두 존재가 아니라 한 가지 존재의 두 얼굴이라고 했습니다. 보이기만 둘로 보일 뿐 몸과 마음은 애초에 하나이기에 서로 영향을 '주고받는' 것을 어떻게 설명할지 고민할 필요도 없다는 것입니다. 그냥 둘 다 자기 자신이니까요. 스

피노자의 이러한 주장은 금성의 모습에 빗대어 생각해 볼 수 있습니다. 금성은 태양계 두 번째 행성입니다. 하지만 그 사실을 알게 된 것은 최근의 일이지요. 그걸 몰랐던 옛 사람들은 새벽에 보이는 금성을 '샛별'이라고 불렀고, 저녁에 보이는 금성을 '개밥바라기'라고 불렀습니다. 그 두 별이 서로 다른 별이라고 생각한 것이죠. 하지만 이후 과학의 발전으로 그 두 별이 같은 행성이라는 사실이 밝혀졌습니다. 이와 마찬가지로 몸과 마음도 서로 다른 것이 아니라 하나의 실체가 지닌 두 가지 모습이라고 설명한 것입니다. 스피노자는 몸과 마음을 둘이 아닌 하나로 이해했습니다.

19세기 토마스 헉슬리나 찰스 다윈도 스피노자와 비슷한 생각을 합니다. 그들은 마음이란 몸과 다른 어떤 것이 아니라 몸이 만들어 낸 특별한 일부라고 생각했습니다. 특

히 다윈은 "유방이 젖을 분비하듯이 뇌는 생각을 분비한다"라고 주장했습니다. 이 말인즉슨, 유방은 젖을 분비하는 원인이지만 젖은 유방에 영향을 미치지 않습니다. 그런 것처럼 몸은 마음을 만들어 내는 원인의 역할을 하지만 마음은 몸에 인과적인 영향을 미치지 않는다는 것입니다. 마음은 몸이 만들어 낸 특별한 모습이라고 설명하는 것이죠.

몸과 마음의 관계는 다양한 방식으로 변형되어 연구되어 왔습니다. 최근에는 마음을 뇌 활동의 일부로 보는 관점이 우세합니다. 하지만 그것으로 모든 것이 설명될 수 있을지는 좀 더 지켜볼 일입니다. 그것을 알아보기 전에 두 번째 수수께끼를 살펴보도록 하죠.

마음을 들여다보다

자신의 마음 상태는 어떻게 알게 되나요? 겉으로 드러나는 몸의 상태는 직접 혹은 거울을 통해 보거나 손으로 더듬어 보면 알 수 있습니다. 시각이나 촉각 등의 감각을 통해 외형의 상태를 파악할 수 있는 것이죠. 그런데 마음은 외모와 달리 겉으로 드러나는 특징이 없어서 감각으로는 마음의 상태를 알아차릴 수 없습니다. 마음에는 어떤 맛이나 냄새도 없고, 소리나 모양도 없습니다. 촉감으로는 더더욱 알 수 없죠. 마음은 오감으로 알 수 있는 성질을 하나도 가지고 있지 않습니다. 그러니 경험을 통해 마음을 알아내는 것은 원천적으로 불가능해 보입니다.

그래서 데카르트와 같은 철학자들은 마음의 상태를 알 수 있는 특별한 방법을 제안했습니다. 그것은 '안을 들여다본다'는 의미의 '내성(內省)'이라는 방법입니다.

마음, 즉 심리적인 상태는 물질과 근본적으로 성질이 다르기 때문에 물질을 연구하는 방법인 관찰과 실험으로는 파악할 수 없습니다. 이에 따라 마음을 파악하는 방법으로 등장한 내성은 자신의 마음속을 잘 살펴봄으로써 마음에 대한 연구를 할 수 있다는 생각이 바탕이 되었습니다. 이런 관점에서 본다면 우리는 이미 훌륭한 심리학자가 될 기본 조건은 갖추고 있는 셈입니다. 누구에게나 심리학의 연구 재료인 마음이 있고, 누구나 자신의 마음을 잘 살펴볼 수 있으니까요.

더군다나 내성은 확실한 지식을 얻을 수 있는 좋은 방법처럼 보이기까지 합니다. 경험을 통해 사물에 대한 지식을 얻을 때는 종종 실수를 범하곤 합니다. 등굣길에 친구의 뒷모습만 보고 다른 친구로 착각하는 것처럼 경험으로 얻은 지식은 주위 환경이나 자신의 상태에 따라 달라질 수 있습니다. 하지만 내성은 그렇지 않습니다. 지금 내가 어떤 감정을 느끼는지 나 자신은 분명히 알 수 있기 때문입니다. 그 느낌이 착각일지라도 어쨌든 내가 그런 느낌을 느끼고 있다는 사실은 틀릴 수 없을 테니까요.

철학자들은 오랫동안 마음에 대한 연구를 할 때 내성만큼 확실한 방법은 없다고 여겼습니다. 마음을 연구하려면 가만히 자신의 마음속을 들여다봐야 한다고 생각했죠.

그런데 이런 방법에 따르면 한 가지 문제가 생깁니다. 내성의 방법으로는 다른 사람의 마음을 전혀 알 수 없다는 점입니다. 그런데 우리는 정말로 남의 마음은 알 수 없나요? 그렇지가 않지요. 사람들은 다른 사람의 마음을 알아차릴 수 있습니다. 다음의 경우를 생각해 보세요.

● 배구를 하다가 손가락을 부여잡고 울면서 뛰고 있는 철수
● 수학시간에 문제 풀다가 땀을 삐질삐질 흘리며 서 있는 철수
● 등굣길에 고개를 푹 숙이고 터벅터벅 느린 발걸음으로 학교를 향하는 철수
● 방과 후 활짝 웃으며 시험지를 들고 집으로 뛰어가는 철수

$$\frac{5x-2}{3} - \frac{3x+7}{2}$$

$$=$$

앞의 모습은 주변의 친구들에게서 볼 수 있는 흔한 모습이지요. 여러분은 철수가 왜 저런 모습을 보이는지 추측해 볼 수 있습니다. 어떻게 내 마음도 아닌 친구의 상태를 짐작할 수 있는 것일까요? 여러분은 매일매일 보이지도 않는 친구의 마음을 알아차리지요. 기적을 일으키고 있는 것일까요?

자신의 마음을 들여다보는 것과 남의 마음을 알아차리는 것은 분명히 다릅니다. 자신의 마음은 내성을 통해 알 수 있다면 타인의 마음은 그의 말과 행동, 표정 등을 통해 알아내곤 합니다.

20세기 접어들어 마음에 대한 탐구는 이런 생각에 바탕을 두고 내성이 아닌 행동을 관찰하는 방법으로 연구되기 시작했습니다. 이런 연구 방법을 '행동주의'라고도 하지요. 행동에 주목함으로써 마음을 과학적으로 연구하는 것이 가능해지게 되었습니다. 마음을 과학적으로 연구하려면 객관적인 연구 대상이 있어야 합니다. 내성은 오직 자기 자신만 알 수 있는 방법이므로 객관성과는 거리가 멀고 이 때문에 마음을 과학적으로 연구할 수 없었습니다.

과학이 실험과 관찰을 중요하게 여기는 것은 실험과 관찰이 누구나 수긍할 수 있는 객관적인 결과를 내놓기 때문입니다. 또한 누구라도 그 과정에 의심이 생겼을 때에 다시 확인할 수도 있지요. 나의 마음, 또는 그 안에 포함되어 있다고 생각되는 고통, 슬픔, 기쁨과 같은 다양한 심리적 상태는 그 느낌을 겪는 개인에게는 분명할지 몰라도 객관적으로 다룰 수 없다는 한계가 있습니다. 내성은 과학적 방법이 갖춰야 할 객관성을 보장해 주지 못했습니다. 그래서 심리학자들이 행동에 주목하기 시작한 것입니다. 행동은 누구나 관찰할 수 있기 때문이지요. 앞에서 예로 들었던 철수의 행동이 철수의 마음 상태를 알려주었던 것처럼 말입니다.

행동에 주목한 또 다른 이유는 타인의 마음을 알아차리는 것이 가능했기 때문입니다. 하지만 내성을 통해 마음에 접근해야 한다고 생각하는 심리학자들은 자신의 마음에 대해서는 직접적이고 확실한 느낌을 얻을 수 있지만 다른 사람의 마음에 대해서는 간접적이고 불확실한 정보만 얻게 된다는 점에 근거하여 여전히 내성을 연구해야 한다고 주장했습니다. 행동을 통한 연구가 불확실하다는 이들의 주장에 따르면 다른 사람의 마음은 알 수 없고, 마음에 대해선 객관적이고 과학적인 연구가 불가능하다는 결론이 내려집니다.

철학자 비트겐슈타인은 이러한 상황을 '상자 속의 딱정벌레'에 빗대어 설명했습니다.

사람들이 무언가 들어 있는 작은 상자를 가지고 있는데, 각자 자기 상자만을 들여다볼 수 있고 다른 사람의 상자는 볼 수 없다. 당신의 상자 안에는 딱정벌레가 한 마리 들어 있는데, 다른 사람들도 자기 상자 안에 딱정벌레가 들어 있다고 말한다. 그리고 그 상자 밖에는 어떤 딱정벌레도 없다. 그러면 "내 상자 안에 딱정벌레가 있다"라는 사람들의 말에서 당신이 알 수 있는 것은 무엇인가? 그들이 말하는 '딱

정벌레'가 무엇을 의미하는지 당신은 어떻게 알 수 있는가?

만일 남의 상자를 들여다볼 수 없다는 이유로 그들이 딱정벌레를 갖고 있지 않다고 의심한다면 그 의심은 자신에게도 해당됩니다. 어느 누구도 딱정벌레를 본 적이 없으니 내가 가진 것도 딱정벌레란 보장이 없기 때문이지요.

마음도 이와 마찬가지 아닐까요? 만일 남의 고통을 알지 못한다면, 내가 가진 지금의 이 마음 상태가 고통이라는 보장이 없습니다. 한 번도 남의 고통을 직접 본 적이 없으니까요.

여기서 주목해야 하는 것은 '고통'이라는 말을 배우는 과정입니다. '고통'이라는 단어의 의미는 내가 어떤 감각을 느꼈을 때 나타나는 행동과 다른 사람들의 행동을 비교하면서 알게 됩니다. 그 방법 이외에 내가 '고통'이라는 말을 배우는 방법이 또 있을까요?

행동이라는 마음 전달자

'고통'이라는 말의 의미는 자신의 느낌만으로 알 수 있는 게 아닙니다. 여기에 다른 사람의 느낌, 그 사람의 행동을 보았을 때 알게 됩니다. '고통'이라는 말의 의미를 전혀 모르고 있을 때를 상상해 보세요. 누구나 처음 말을 배우기 전까지는 그 의미를 모르고 있습니다. 말을 배울 때의 과정을 돌이켜보면 가장 처음 '엄마', '아빠'를 배우게 됩니다. 그다음 주변 사물들의 이름을 하나씩 익혀 나갑니다. 조금 더 자란 후에는 마음의 상태에 대한 말들, '좋아', '싫어', '아파', '배고파', '졸려' 등의 단어를 배워 나갑니다.

말을 배우는 과정을 구체적으로 생각해 볼까요? '엄마'라는 단어는 눈앞에 있는 어떤 사람과 '엄마'라는 말이 반복되는 경험으로 알게 됩니다. 경험이 반복되다 보면 아기는 '저기 앞에 있는 사람'을 '엄마'라고 부른다는 것을 알게 되는 것이죠. 이름을 배우는 과정은 사물의 모습과 그것을 가리키는 이름 그리고 그 이름과 그 사물을 연결시켜 주는 상황(그 사물이 나타나거나 손가락으로 지시를 하는 등의 상황)이 함께 할 때 이뤄집니다.

그런데 감정이나 감각, 느낌을 나타내는 이름은 어떻게 알게 되나요? 바로 여기에 어려움이 있습니다. 감정이나 느낌 등의 마음의 상태는 손가락으로 가리킬 수도 없고 쳐다볼 수도 없기 때문입니다.

'고통'이라는 말은 처음 어떻게 배우게 되는지 그 과정을 생각해 보면 행동이 중요한 역할을 한다는 것을 알 수 있습니다. 행동은 보이지 않는 마음을 간접적으로 보여 주기 때문입니다. 고통을 느낄 때는 특정한 몸짓과 표정, 소리를 내게 됩니다. 누군가 그러한 행동을 보일 때 우리는 그 사람이 고통스러워하고 있다는 것을 알게 되고, 그 상태를 가리키는 단어인 '고통'이라는 말을 배우게 됩니다.

이처럼 경험을 통해 마음속의 특별한 상태와 그 상태를 겉으로 보여 주는 특별한 행동이나 몸짓을 알게 됩니다. 웃길 때나 슬플 때의 표정, 배고플 때의 몸짓, 화가 났을 때의 행동도 잘 알고 있습니다. 특정한 감정이나 마음을 나타내는 행동들은 그것과 연결된 단어를 배울 때 중요한 역할을 합니다. 결국 하나의 마음 상태, 그것과 연결되는 특정한 행동, 그리고 그것을 가리키는 단어를 함께 연결해 가며 마음에 대해 알아가는 것입니다.

이제 '행동'이라는 '마음 전달자'를 알게 되었습니다. 마음은 직접 자신의 모습을 드러내지는 않지만 행동을 통해 간접적으로 드러내니까요. 이로써 심리학은 자기 내면을 바라보는 학문에서 행동을 관찰하는 방법으로 문제를 풀어 가는 학문의 모습을 갖추게 되었습니다.

물론 모든 마음이 행동으로 드러나는 것은 아닙니다. 아프지만 아프지 않은 척하거나 맛없는 음식을 맛있는 척한 경험도 있을 테죠. 이렇듯 인간은 종종 자신의 마음을 겉으로 표현하지 않거나 다르게 표현하기도 합니다. 그래서 마음을 연구하는 학자들은 행동을 관찰하는 것에서 한 발짝 더 나아가 두뇌를 연구하기 시작했습니다. 행동이 정확히 보여 주지 못하는 마음의 상태를 두뇌가 알려줄 수 있다고 판단했기 때문입니다.

마음은 단지 몸의 작용일 뿐이며, 구체적으로 두뇌에서 일어나는 작용일 뿐이라는 생각은 과학 발전에 힘입어 더욱 분명해지고 있습니다. 두뇌의 작용이 마음에 어떤 영향을 미치는지 보여 주는 증거가 하나둘씩 나타나기 시작했기 때문입니다.

인간의 고귀한 특권으로 여겨지던 사랑이 뇌에서 분비되는 특정 호르몬이 만들어 내는 감정이라거나 마음의 병을 알약으로 치료하게 된 것을 보면 이런 생각이 굉장히 설득력 있다는 것을 알 수 있습니다.

다음 장에서는 과학이 인간의 마음을 얼마나 밝혀냈는지 살펴볼 것입니다.

러시아의 생리학자 파블로프는 '파블로프의 개'라는 말로 더 유명합니다. 생리학이란 생물의 기능을 연구하는 분야로, 파블로프는 대뇌의 작용이 소화와 같은 생리학적 작용을 일으키는 인과관계를 연구하는 과학자이지요. 그가 유명해진 것은 조건반사를 발견한 '파블로프의 개' 실험 때문입니다.

파블로프는 종소리를 들으면 침을 흘리는 개 실험을 통해 조건반사 현상을 발견했습니다. 그는 침의 소화작용을 연구하기 위해 개에게 먹이를 줄 때 종을 치는 과정을 반복했습니다. 그 과정이 여러 번 이뤄지자 먹이가 없어도 종소리만 들리면 개가 침을 흘리는 것이 관찰되었습니다. 이렇게 서로 연관이 없어 보이는(종소리가 들리면 침을 흘린다) 관계가 학습을 통해 형성되는 반응을 조건반사라고 합니다. 어떤 조건이 충족될 때 일어나는 반응이라는 뜻이지요. 이런 현상은 사람에게도 자주 일어납니다. 예를 들어 신 레몬을 보았을 때 침이 고이는 현상도 조건반사의 한 종류입니다. 신 레몬을 먹으면 입안에 침이 고이는데, 레몬을 먹어 본 경험이 있는 사람은 레몬을 보기만 해도 입안에 침이 고이게 되는 것이죠.

파블로프의 연구는 심리학에 '행동주의'라는 분야를 만들어 내는 계기가 되었습니다. 행동주의는 눈에 보이지 않는 내적인 상태보다 겉으로 드러나는 '행동'을 주요 탐구 대상으로 삼는 심리학 학파입니다.

행동주의 학파는 특히 '학습'이라는 부분에 집중했습니다. 개에게 침을 흘리게 하려면 외적인 자극(종소리)을 제공하면 되는 것처럼, 인간에게 바람직한 행동을 이끌어 내고 싶다면 그에 알맞은 적절한 자극(예를 들어, 상이나 벌)을 제공하면 된다는 것이지요.

심지어 유명한 행동주의 심리학자 존 왓슨은 이런 주장을 하기도 했습니다.

"어떤 아이라도 타고난 재능, 성향, 경향, 능력, 적성, 인종에 상관없이 의사, 변호사, 예술가, 상인, 심지어 걸인이나 도둑 등의 원하는 사람으로 키워낼 수 있다."

왓슨의 말대로라면 어떻게 태어났는지는 전혀 중요하지 않습니다. 중요한 것은 어떤 환경에 놓여 있는지, 어떤 교육을 받는지이며, 그에 따라 전혀 다른 사람이 될 수 있다는 것입니다.

존 왓슨의 주장은 다소 극단적일지라도 교육이나 학습이 사람의 성장에 큰 영향을 미치는 것만은 분명합니다. 하지만 정말 후천적인 '학습'만으로 한 사람이 만들어질 수 있을까요? 사람에게 타고나는 것이나 본능은 없는 걸까요?

인간의 본성은 타고나는 것인지 아니면 만들어지는지에 대한 논쟁은 여전히 계속되고 있습니다.

3장

머리를 연구하면 마음을 알 수 있을까요?

뇌를 알면 마음이 보인다

마음을 연구하는 많은 학자들은 두뇌의 작용이 마음과 관련이 있다고 생각했습니다. 이는 두뇌의 활동이 마음의 반응이라는 생각으로 이어졌지요. 다시 말해 인간의 마음을 알려면 두뇌를 연구해야 한다는 뜻이 됩니다. 마음을 연구하는 심리학은 이제 두뇌에 관한 연구로 발전하기 시작했습니다.

최근 눈부신 과학의 발달로 뇌에 대한 연구는 굉장히 많이 진행되었습니다. 마음의 비밀에 한 걸음 더 다가가게 되었죠. 사랑이라는 감정을 호르몬의 분비 과정으로 설명하는 것처럼 인간이 느끼는 다양한 마음의 상태, 흥분, 미움, 슬픔, 괴로움, 아픔까지도 뇌의 작용으로 설명할 수 있게 된 것입니다.

뇌를 통한 마음의 연구는 다음과 같은 가능성도 제기하

기에 이르렀습니다. 감정이라는 것이 뇌의 활동에 의한 것이라면 뇌의 활동을 조절하면 사람의 감정도 조절할 수 있지 않을까 하는 점입니다. 실제로 최근에는 호르몬을 조절해 사람의 마음에 변화를 일으키는 약품이 출시되기도 했습니다. 이런 약품은 마음의 병으로 여겨지는 우울증이나 공황장애, 주의력결핍과잉행동장애 등을 치료하고 심지어 성범죄자들의 욕구를 억제하는 데에도 사용됩니다. 이런 추세라면 가까운 미래엔 사랑을 담당하는 뇌의 호르몬을 조절하는 약물도 등장하지 않을까요?

하지만 뇌와 마음의 관계에서 주의해야 할 것이 있습니다. 어떤 감정이 생기면 그것이 두뇌의 상태를 변화시키거나 두뇌에 영향을 미친다는 것쯤으로 두뇌와 마음의 관계를 이해해서는 안 된다는 것입니다. 두뇌를 연구하는 과학자들은 마음과 두뇌의 관계를 그보다 훨씬 가깝다고 생각합니다. 마음과 두뇌가 따로 있는 게 아니라 두뇌의 상태가 곧 마음이고, 마음의 상태가 곧 두뇌의 작용이라는 것입니다. 마치 물이 산소 원자 하나와 수소 원자 두 개가 결합하여 만들어진 물 분자의 집합인 것이나, 샛별과 개밥바라기가 하나인 것처럼 마음과 두뇌는 동일한 것이라는 사실을 알게 될 것이라고 주장합니다. 최근에는 인간의 마음은 곧 뇌의 활동이라는 공식이 보편적으로 받아들여지고 있습니다. 뇌와 마음의 관계에 대한 생각이 이 단계까지 도달하기 위해 뇌 과학은 오랜 여정을 거쳐 왔습니다. 그 여정을 따라가 볼까요?

뇌가 알려준 마음의 비밀

아주 오래 전부터 인간의 몸을 지배하고 생각과 감정 등을 만들어 내는 곳이 뇌라는 것은 짐작하고 있었습니다. 하지만 뇌가 어떻게 그런 일을 수행하는지가 수수께끼였지요. 많은 과학자들이 뇌의 비밀을 캐기 위해 오랫동안 노력해 왔습니다.

18~19세기에 등장한 '골상학'이라는 학문 역시 뇌와 마음의 관계를 연구하는 학문입니다. 골상학은 뇌의 각각 부위는 서로 다른 기능을 하고, 이 기능에 따라 사람의 성격이나 성향이 정해진다고 주장했습니다. 기능에 따라 머리뼈의 모양이 달라진다고도 했지요. 머리뼈의 모양이 달라진다는 주장은 과학적 근거가 부족했지만 뇌의 각 부분에서 하는 일이 나누어져 있다는 생각은 이후 과학적 증거들이 속속 발견되었습니다.

1860년대 프랑스의 과학자 폴 피에르 브로카*가 대뇌의 좌반구에서 언어 기능을 담당하고 있다는 사실을 밝혀 낸 이후 인간 두뇌의 다양한 부분이 각기 다른 역할을 하고 있다는 것이 밝혀졌습니다.

인간의 두뇌는 대뇌, 사이뇌, 소뇌, 중뇌, 다리뇌, 숨뇌로 구분되며, 각 부분마다 하는 일이 정해져 있습니다. 그

*폴 브로카(Paul P. Broca, 1824~1880) 프랑스의 외과의자이자 인류학자이다. 좌뇌의 특정 영역이 언어를 담당하고 있는 것을 발견했고, 그 부위를 그의 이름을 따서 브로카 영역이라고 부른다.

중에서도 전체 두뇌의 4분의 3을 차지하고 있는 대뇌에서 가장 특별한 역할을 합니다. 인간 고유의 능력이라고 여겨지는 생각, 언어기능, 감정과 기억 등의 일이 대뇌에서 이뤄집니다. 대뇌는 좌우로 나누어져 있습니다. 뇌의 좌반구는 언어 기능과 논리적 사고를 담당하고, 몸의 오른쪽으로 들어온 정보를 처리합니다. 우반구는 공간 지각 능력과 감정에 관한 작용을 하고 몸의 왼쪽으로 들어온 정보를 처리합니다.

20세기 접어들어 뇌 과학은 더욱 발전하게 되었습니다. 특히 제2차 세계대전을 겪으면서 다양한 환자들의 사례를 통해 뇌와 마음에 관한 많은 사실이 밝혀졌지요. 200여 년 가까이 진행된 뇌 과학의 연구들은 신기하고도 재미있는 뇌의 기능을 하나씩 밝혀 주었습니다. 몇 가지 사례들을 살펴볼까요?

❶ 인간의 성격을 책임지는 전두엽

1848년 미국 철도 공사장에서 일을 하던 피니어스 게이지는 다이너마이트 폭발로 날아온 1미터 길이의 쇠막대가 뇌를 뚫고 지나가는 사고를 당했습니다. 모두 그가 죽을 것이라 생각했지만 놀랍게도 게이지는 치료를 받은 후 완벽하게 회복되었습니다. 그것은 기적적인 일이었고 모든 사람들은 그 사건을 신기하게 생각했죠. 하지만 진짜 신기한 일은 그 후에 발생했습니다. 사고를 겪은 후 게이지가 완전히 다른 사람으로 변했기 때문입니다. 그렇다고 그 사건이 그에게 어떤 심리적인 충격을 주어서 새사람으로 만들었다거나 그런 것이 아니었습니다. 게이지는 말 그대로 완전히 다른 사람이 되어 버렸습니다. 같은 사람이라고는 믿기지 않을 정도로 성격과 행동이 전혀 다르게 바뀌었던 것입니다. 이전의 온화하고 예의바르고 계획적이던 성격은 온데간데없이 사라지고 신경질적이고 무례하고 무계획적이고 충동적인 사람이 되어 있었습니다.

　과학자들의 연구에 따르면 그의 성격이 바뀌게 된 건 사고 당시 쇠막대가 뚫고 지나간 전두엽이라 불리는 뇌의 앞부분이 손상되었기 때문입니다. 이 사건을 분석한 과학자들에 의해 전두엽이 손상되면 성격과 행동에 큰 변화가 생긴다는 것이 밝혀졌습니다. 뿐만 아니라 뇌의 특정 부위가 인간의 성격과 행동을 결정짓거나 영향을 미친다는 것도 알게 되었지요. 그 밖에도 전두엽은 기억력, 사고력 등의 인간의 고등 행동을 담당하는 동시에 동물적 충동을 억제하고 감정을 조절하는 곳으로 밝혀졌습니다.

인간을 사회적 동물이라고 부를 때 요구되는 중요한 특징은 동물적 본능과 감정을 조절하는 능력일 것입니다. 전두엽은 바로 그러한 능력에 관여함으로써 인간을 '인간적이게' 만들어 주는 부분이라고 할 수 있을 것입니다.

❷ 사랑의 유통기한

뇌 연구는 '사랑'에 대한 정의도 다시 내리고 있습니다. 사랑은 모든 종교의 기본적인 교리이며, 인간의 타고난 본능이기도 합니다. 남녀 간의 사랑부터 부모와 자식 간의 사랑, 친구들 간의 우정, 그리고 가장 넓은 의미의 인류애까지 사랑이라고 부를 수 있겠지만 가장 대표적인 사랑은 남녀 간의 사랑이겠지요. 사랑이라는 감정이 자연의 법칙처럼 원인과 결과에 의한 작용이라면 모든 사람은 동일한 사람에게 동일한 사랑의 감정을 느껴야 할 것입니다. 하지만 사랑의 감정은 그렇게 법칙적이지 않지요. 어느 날 갑자기 자기도 모르게 생겨나기도 하고, 누군가에겐 전혀 생겨나지 않기도 하죠.

하지만 뇌 과학자들은 그런 사랑이라는 감정을 두뇌에서 벌어지는 화학적 작용으로 설명해 냈습니다. 사랑이라는 감정은 뇌의 특정 부분에서 분비되는 호르몬에 의한 작용인데, 사랑의 단계마다 특정한 호르몬이 분비되어 그때마다 적당한 사랑의 감정을 만들어 낸다는 것입니다.

미국 코넬대 인간행동 연구소의 신시아 하잔 교수팀은 남녀 간의 사랑이 얼마나 지속되는가를 알아보기 위해 2년에 걸쳐 다양한 문화 집단에 속한 남녀 5천 명을 대상으로 조사를 했습니다. 그 결과 남녀 간의 가슴 뛰는 뜨거운 사랑은 18~30개월이면 사라진다는 것을 알아냈습니다. 남녀가 만난 지 2년을 전후한 시기에 대뇌에서는 더 이상 사랑의 화학물질이 생성되지 않고 사라진다고 합니다. 따라서 그 시기에 사랑의 감정이 변하는 것은 자연스러운 일이라는 게 연구팀의 결론입니다. 그럼 사랑의 유통기한은 2년쯤 되는 걸까요?

❸ 기억 저장소

캐나다 신경학자 펜필드 교수는 어느 날 환자의 뇌를 수술하다 실수로 뇌의 어떤 부위를 자극했는데, 이때 환자는 예전에 경험했던 소리가 떠올랐다고 합니다. 이는 뇌의 일정 부위가 이전 경험에 대한 기억과 연결되어 있음을 보여 주는 것이었습니다.

인간의 기억이 어디에 저장되어 있는지는 아직도 밝혀지

지 않은 분야 중 하나입니다. 인간의 기억에 대한 연구가 더 진행되어 기억이 어디에 어떤 방식으로 저장되는지가 밝혀진다면 SF소설과 영화에서처럼 기억을 조작하는 일이 가능해질지도 모르겠네요. 과연 그런 능력을 갖게 된다면 인류에게 축복일까요, 불행일까요?

❹ 뇌 속에 숨어 있는 '웃음보'

웃음은 다른 동물에게는 보기 힘든 인간만의 특징입니다. 그렇다면 웃음도 두뇌에서 명령을 내리는 것은 아닐까요? 1988년 미국의 캘리포니아대학교 이차크 프리드 박사는 인간의 두뇌에서 '웃음보'를 발견했다는 연구 결과를 발표했습니다. 대뇌 전두엽의 특정 부위를 자극하면 웃기지도 않은 상황에서도 웃음을 터트린다는 것입니다. 그러니 이 부위를 웃음보라고 불러야 하겠죠. 게다가 이 부위를 자극하면 웃음만 나오게 하는 게 아니라 즐거운 생각을 떠오르게 한다는 사실도 밝혀졌지요.

특이한 점은, 웃음이 나오고 즐거운 생각이 떠오를 때 약간의 시간 차이가 있는데, 즐거운 생각이 먼저 떠오르고 웃음이 나오는 게 아니라 먼저 웃음이 나오고 즐거운 생각이 나중에 떠오른다는 것입니다. 이 연구 결과는 억지로라

도 웃으면 좋은 생각이 떠오른다는 것으로 해석할 수 있습니다. 웃으면 복이 온다는 말처럼 말이에요.

지금까지 살펴본 사례들은 뇌에 대한 다양한 연구들이 밝혀 낸 흥미로운 내용을 추린 것입니다. 이외에도 뇌 과학을 통해 알아낸 마음의 다양한 모습들은 일일이 나열하기 힘들 정도로 많습니다. 짐작하고 있었던 뇌의 역할에서부터 전혀 상상하지도 못했던 부분까지 뇌 과학을 통해 많은 것을 알게 되었고, 지금도 다양한 연구가 진행되고 있습니다. 뇌 과학은 마음의 다양한 모습과 특징이 두뇌의 어떤 작용을 통해 실현되는지를 밝혀 냄으로써 마음을 과학적이고 객관적으로 이해할 수 있게 해 주었습니다. 뇌에 대한 연구는 인간 마음의 다양한 능력에 대해 무궁무진한 정보를 제공해 줄 것입니다.

마음도 진화한다

앞서 살펴본 사례 이외에도 뇌 과학은 감정과 정서가 만들어지는 원리도 알아냈습니다.

두려움이라는 감정을 예로 들어볼까요? 호랑이를 만난 사람은 보자마자 도망치기 바쁘겠죠. 그 이유는 호랑이를 본 시각 신경이 호랑이에 대한 정보를 시각중추에만 보내는 것이 아니라 감정을 조절하는 '편도체'로도 보내 두려움이라는 감정을 일으키기 때문입니다. 즉각적인 감정의 변화는 위협이 될 수도 있는 호랑이를 본능적으로 피할 수 있게 도와 생존에 유리하게 만들어 줍니다.

이처럼 감정이나 정서의 변화가 생존과 연관되어 있다는 설명은 자연스럽게 '진화'라는 단어를 떠올리게 합니다. 다양한 생물이 생존에 유리한 방향으로 진화해 온 것처럼 감정의 변화가 생존에 유리하게 반응한다는 점은 마음 역시 다양한 방법으로 진화해 오지 않았을까 하는 생각을 하게 만듭니다. 이런 궁금증에 대해 뇌 과학 연구자들은 당연히 인간의 마음도 진화의 산물이라고 주장합니다.

진화론은 1859년 발간된 찰스 다윈의 『종의 기원』에서 본격적으로 시작되었습니다. 서양은 기독교적 전통이 강했기 때문에 조물주가 태초에 인간을 비롯한 모든 생물을 현재의 모습으로 만들었다는 성경 속 주장을 그대로 받아들여 왔습니다. 하지만 과학이 발전함에 따라 생물의 모습이 태초의 모습과 달라질 수도 있다는 생각이 싹트기 시작합니다. 실제로 다윈의 진화론 이외에도 다양한 형태의 진화론이 있었습니다. 그중에서도 라마르크*의 '용불용설*'

★라마르크(Lamarck,1744~1829) 프랑스의 생물학자이다. 체계적인 학설로 최초로 진화론을 제시한 사람이다.
★용불용설(用不用說) 라마르크가 제안한 진화 이론. 생물이 살아 있는 동안 환경에 적응하고자 획득한 형질이 다음 세대에 유전되어 진화한다는 내용이다.

은 다윈의 '자연선택'과 함께 대표적인 진화론으로 꼽힙니다. 용불용설은 몸에서 자주 사용하는 부분[용(用)]은 발달하고 그렇지 않은 부분[불용(不用)]은 퇴화함으로써 진화가 이뤄진다는 주장입니다. 이 이론에 따르면 기린의 긴 목은 높은 나뭇가지에 달린 나뭇잎을 먹기 위해서 자꾸 목을 내밀어서 길어졌고, 그렇게 길어진 목이 후대에 유전돼 지금처럼 기린이 긴 목을 지녔다는 것입니다.

그런데 용불용설로는 설명하기 힘든 부분이 많습니다. 용불용설에서 가장 중요한 점은 생물이 특정한 의도와 목적으로 변화시킨 형질이 후대에 전해진다는 부분입니다. 이 이론이 옳다면 엄마나 아빠가 체력단련을 통해 만든 훌륭한 근육이나 날씬한 몸매를 만들었다면 이런 형질이 자손에게 전해져 자손도 훌륭한 근육과 날씬한 몸매를 타고 나야 합니다. 하지만 아쉽게도 그런 일은 벌어지지 않습니다. 현재의 내가 무척 노력해서 좋은 몸매를 가졌다 해도 자식들도 그들대로 노력을 해야 하지요.

다윈의 진화론은 목적이나 의도가 아닌 인과관계로 생물의 진화를 설명합니다. 다윈의 진화론은 '자연선택*'이라는 말로 표현할 수 있습니다. 자연선택을 기린의 목으로 설명하면 다음과 같습니다. 애초에 기린의 목은 짧았습니다. 기린의 목이 아직 짧을 때 기린은 다양한 새끼를 낳았을 것입니다. 그중에는 목이 좀 긴 놈도 있고 좀 짧은 놈도 있었을 테지만 그렇다

★자연선택 특수한 환경에서 생존에 적합한 형질을 지닌 종이 생존에 비적합한 형질을 지닌 종에 비해 생존과 번식에서 이익을 본다는 이론이다. 자연도태라고도 한다.

고 눈에 띄게 길거나 짧은 놈은 좀처럼 없었을 것입니다. 이때 먹을 것이 풍족해서 생존에 어려움이 없었다면 목이 조금 길거나 짧은 건 전혀 문제가 되지 않을 테지요. 그런데 만일 먹이가 부족해서 높은 곳에 있는 나뭇잎을 먹어야 하는 상황이 닥친다면 어떻게 될까요? 그때는 조금이라도 목이 긴 놈이 살아남을 것이고 이런 일이 계속 반복되면 결국 긴 목을 갖게 하는 유전자가 살아남아서 후대에 전달될 것입니다. 그래서 목이 짧았던 기린이 지금처럼 긴 목을 가지게 되었다는 것이 다윈의 진화론의 설명입니다.

다윈의 진화론을 바탕으로 생물이 지닌 다양한 특징이 그 생물의 생존에 어떤 도움을 주느냐의 관점에서 연구되기 시작했습니다. 마음은 어떤가요? 마음도 인간의 한 부분이니 생존에 어떤 식으로든 도움을 주는 방식으로 진화해 오지 않았을까요?

스티븐 핑커*는 진화론을 통해 인간의 마음을 연구하는 대표적인 학자입니다. 인간의 마음에 대한 그의 광범위한 연구를 쉽게 풀어서 이해한다면 다음과 같습니다.

* 스티븐 핑커(Steven Pinker, 1954~) 캐나다 출신 심리학자로 2003년부터는 하버드 대학에 소속되어 있다. 언어와 인지과학에 대해 학술 논문에서 대중을 대상으로 한 대중 과학서까지 다양한 수준의 글을 발표했다. 대표적인 저서로는 《빈 서판》, 《언어 본능》, 《마음은 어떻게 작동하는가》 등이 있다.

"마음이란 우리의 조상들이 환경에 적응해 가면서 부딪힌 수많은 생존의 문제들을 해결하기 위해 선택된 프로그램이다."

결국 조상들이 살아가며 어떤 문제에 부딪혀 왔는지를 살피면 인간의 마음이 어떤 과정을 거쳐 지금과 같은 특징을 가지게 되었는지 알 수 있다는 것입니다. 특히 인류의 역사에서 지금과 같은 문명시대는 아주 짧기 때문에 야생의 상태에 주목할 필요가 있습니다. 핑커를 비롯한 진화론자들은 인간이 현재와 같은 마음이나 지적인 능력을 갖게 된 데에는 인류가 초기에 가졌던 다음 조건의 영향이 크다고 말합니다.

첫 번째로 시각 능력이 탁월했다는 점입니다. 여기서 말하는 시각 능력이란 단순히 시력이 좋은 것에 그치는 것이 아닙니다. 다른 종들에 비해 색깔을 구별하는 능력도 탁월하고, 두 눈이 앞쪽을 향하고 있어서 두 눈의 시점 차이를 이용해 거리를 감지할 수 있었죠. 이러한 능력은 나무를 건너다니는 영장류에게 손으로 잡을 수 있는 단단한 물체와 그렇지 않은 것을 구별하게 해 주고 사물의 성분이 무엇인지를 알려주는 역할을 했습니다.

두 번째 조건은 집단생활을 했다는 점입니다. 집단생활의 장점은 단지 먹이 활동에 국한되는 것이 아니었습니다. 인류의 조상들은 집단생활을 하며 인간관계에도 적응해 나가야 했습니다. 자연과의 관계에 비해 인간관계는 훨씬 복잡합니다. 친구와 적을 구별하고, 거짓말과 참말을 구별하고, 은혜를 갚을지 복수를 할지 고민하는 것은 먹을 수 있는 과일과 먹을 수 없는 과일을 구별하는 것과는 차원이 다른 지적인 능력이 필요하기 때문입니다. 이런 사회적 삶을 통해 인간이 현재 누리고 있는 많은 지적인 능력들이 생성되었을 것입니다.

세 번째 조건은 손을 능숙하게 사용했다는 점입니다. 나무 사이를 이동하던 영장류는 손을 자유롭게 사용할 수 있었습니다. 특히 숲에서 벗어나 들판으로 나온 후 손을 사용하는 방법은 더욱 발전하였으며 지능과 함께 생존에 유리한 환경을 만드는 데 큰 역할을 했을 것입니다.

마지막 조건은 사냥을 할 수 있었던 점입니다. 넓은 들판으로 삶의 터전을 옮긴 인류의 조상들은 채집뿐만 아니라 사냥을 통해서도 먹을 것을 얻었습니다. 특히 사냥을 통해 얻은 고기는 중요한 단백질 공급원으로서 사냥의 어려움을 견뎌 낼 만큼 중요한 음식이었죠. 사냥은 많은 인원이 참여할 때 성공할 확률이 더 커지기 때문에 공동체 생활은 사냥에 도움을 주었습니다. 또한 사냥으로 얻은 고기는 오랫동안 보관할 수 없어서 공동체에 자연스럽게 분배되었습니다. 이 점 역시 공동체의 결속력을 강화하는 데 도움을 주었을 것입니다.

결국 인간이 현재 누리고 있는 지적인 능력은 조상에게 물려받은 조건을 조금씩 조정해 가며 만들어 낸 산물이라는 것입니다.

이러한 특징들은 인간의 마음을 구성하는 데 중요한 역할을 했습니다. 마음의 진화론을 연구하는 연구자들은 마음을 부분으로 나누어 각 부분이 어떻게 지금과 같은 특징을 가지게 되었는지 진화의 과정을 추적해 나갔습니다. 그 결과 마음 역시 생존에 도움이 되는 방향으로 진화해 왔다는 것을 알게 되었습니다.

자식에 대한 부모의 사랑은 진화심리론의 대표적인 사례입니다. 부모의 사랑은 스스로의 힘만으로는 생존할 수 없는 갓난아이를 살아남게 하는 중요한 역할을 합니다. 어떤 동물은 태어나는 순간부터 걷고 뛰기 시작하지만 인간의 아기는 스스로 걸으려면 1년 정도의 시간이 필요하고 먹이를 구하거나 적으로부터 자신을 보호하는 능력을 기르는 데에는 그보다 훨씬 긴 시간이 필요합니다. 게다가 다른 인간들과 어울려 공동체의 일원이 될 능력을 갖추는 것까지 포함한다면 훨씬 긴 시간이 필요하죠. 이 말은 그 기간 동안 자신을 먹여 주고 돌봐 줄 사람이 필요하다는 의미입니다. 만일 부모의 사랑이라는 감정이 없다면 어떻게 생존해 나갈지 짐작조차 되지 않습니다. 이렇듯 인간 마음의 여러 부분은 인류의 생존을 돕는 방식으로 진화해 왔음을 알 수 있습니다.

하지만 상식적으로 생각했을 때 도무지 생존에 도움을 주지 않았을 것 같은 마음의 측면도 있습니다. 마음이 진화의 산물임을 주장하는 사람들은 이 부분을 어떻게 설명하고 있을까요? 생존에 도움을 주지 않는다면 후대에 전해지지 않았을 텐데 전달되었다는 건 뭔가 특별한 역할이 있다는 걸까요? 이런 궁금증의 중심에 있는 마음의 특별한 모습들을 함께 살펴보겠습니다.

일벌은 왜 목숨을 걸고 독침을 쏠까?

마음이 인간의 생존에 이바지한다는 점은 진화론으로 마

음의 각 영역을 설명하려는 학자들의 기본적인 생각이었습니다. 그런데 마음의 몇몇 특징은 생존에 전혀 도움이 되지 않거나 오히려 방해되는 것처럼 보입니다. 그런 것들은 도대체 왜 진화의 역사를 거치면서도 사라지지 않고 남아 있을까요?

그중에서 우리가 살펴볼 대표적인 마음의 모습은 '이타심'입니다. 진화론자들은 이타심을 어떻게 설명하고 있을까요?

언젠가 전쟁영화에서 자신의 몸을 던져 부하를 구해 낸 영웅의 이야기를 본 적 있습니다. 영화나 이야기에서뿐만 아니라 실제로도 자신의 목숨 대신 타인의 목숨을 구하는 사람의 이야기를 종종 접하곤 합니다. 사람들은 그런 이타적 성품을 지닌 사람을 영웅이라 칭송하고 존경합니다. 그리고 이타심이야말로 인간을 동물과 구별하는 고귀한 측면이라고 생각하지요.

하지만 정말 그럴까요? 마음의 진화를 주장하는 사람들은 다양한 연구를 통해 중요한 사실을 밝혀 냈습니다. 이타심은 인간에게만 고유한 것이 아니라는 사실과 이타심이 인간의 생존에 이바지한다는 점입니다.

놀랍게도 동료를 위해 자신의 희생을 무릅쓰는 동물들

은 의외로 많습니다. 울새나 지빠귀, 박새 같은 작은 새들은 자신들의 천적인 매가 접근해 올 때 몸을 낮추고 갈대 피리 소리같이 가늘고 특이한 소리를 냅니다. 이 소리는 주변의 동료들이 매를 피할 수 있게 도와줍니다. 문제는 그런 행동이 자신의 안전에는 전혀 도움이 되지 않는다는 것입니다. 소리를 내는 것보다 얼른 피하거나 눈에 띄지 않게 가만히 있는 것이 생존에 더 도움이 될 테니까요.

이런 행동은 다른 동물들에게도 자주 목격됩니다. 돌고래는 동료 돌고래가 심한 부상을 당하면 부상 당한 돌고래가 숨을 쉴 수 있도록 협동하여 물 위로 올려 줍니다. 침팬지 사이에서도 이타적인 행동을 목격할 수 있습니다. 침팬지 연구로 유명한 제인 구달에 따르면 침팬지는 부모를 잃은 새끼를 입양하여 기르기도 한다고 합니다.

앞선 예에서 보듯이 동물들의 이타적인 행동이 아주 보기 힘든 것은 아니라는 사실을 알 수 있습니다. 그래도 고작 '위험을 감수하는' 정도라고 할 수 있죠. 이것으로 자신의 목숨을 내놓는 인간의 이타심과 비교하기에 부족해 보입니다. 그렇다면 다음의 예를 한번 볼까요?

일벌의 독침은 그 끝이 구부러져 있어 누군가를 한 번 찌르면 다시 빼내지 못하고 벌의 내장과 침이 그대로 상처에 남게 됩니다. 그로 인해 일벌은 죽지만 그 내장에 붙어 있는 독액 샘에서 독이 계속 주입되고, 내장의 특유한 냄새가 다른 일벌을 불러들여 적을 쫓아내지요.

아프리카 흰개미 한 종류는 적을 만나면 노란 화학물질을 입으로 뿜어내는데, 종종 몸통이 터져 화학물질이 사방으로 퍼지기도 한다고 합니다. 몸 자체가 일종의 화학폭탄 같은 역할을 하는 것입니다.

이렇게 자신을 희생하는 생물을 보면 이타심이 인간만이 지닌 고귀한 정신적 특성이라고 말할 수는 없습니다. 그렇다면 생물들은 왜 이런 이타적 행동을 하는 걸까요?

만일 '생존에 도움을 준다'는 의미를 생명체 하나하나에 적용시켜서 이해한다면 앞에서 본 동물들의 이타적 행동은 모두 생존에 도움을 준다고 할 수 없습니다. 모두 자신의 생존을 위협하고 심지어는 죽음에 이르는 행동이었으니까요. 하지만 조금만 넓게 생각하면 그렇지 않습니다. 앞에서 예로 들었던 기린의 사례를 떠올려 보세요. '목이 길어지는' 진화를 겪은 기린은 몇 마리였나요? '진화'라는 말을 사용할 때 그 말에 해당하는 대상은 낱낱의 생물이 아니라 그 생물의 가장 큰 집단, 즉 '종'을 의미하는 것입니다. 기린의 목이 길어졌다는 말은 기린 한 마리나 몇 마리의 얘기가 아니라 '기린'이라는 전체 종에 해당합니다. 진화론자들은 '생존에 도움을 준다'는 의미도 바로 그렇게 이해해야 한다고 말합니다. 돌고래 한 마리나 일벌 한 마리의 생존에 도움을 주는 것이 아니라 돌고래라는 종의 생존, 일벌이라는 종의 생존에 도움을 준다는 뜻인 거죠. 그래서 돌고래나 일벌이 자신의 위험을 무릅쓰고 동료를 도와주는 행동은 결과적으로 자신들의 종의 생존을 돕는 행동입니다. 돌고래와 일벌 한 마리의 희생은 그 자신의 관점에서는 분명 희생이지만 종의 관점에서 볼 때 생존에 이바지하는 것으로 해석할 수 있습니다.

그렇다면 언뜻 생존에 전혀 필요 없는 행동처럼 보이는 이타심 같은 마음의 한 모습이 사실은 생존에 도움을 준다는 결론을 내릴 수 있습니다. 자기 파괴적이거나 생존에 아무런 도움을 주지 않는 것처럼 보이는 행동도 '종의 생존'이라는 관점에서 해석하게 되면 쉽게 이해되는 경우는 이 밖에도 많습니다. 진화론자들은 이타심뿐만 아니라 다른 인간의 마음도 같은 방법으로 설명합니다. 안전보다는 위험을 무릅쓰는 모험심, 서로를 죽이는 전쟁과 같은 소모적이거나 파괴적인 인간의 행동 등도 결국 인간 종의 생존에 이바지하는 방식으로 진화해 온 산물이라는 결론에 도달하게 됩니다.

머리가 크면 공부를 잘한다는 말을 들어 본 적 있나요? 사실 뇌의 크기가 크면 클수록 뛰어난 능력이 생기는 것은 아닙니다. 하지만 척추동물의 평균적인 뇌 크기를 고려할 때 뇌의 크기가 지적인 능력에 중요한 요인이라는 점은 많은 학자들이 공통적으로 인정하는 부분입니다. 다만 그것이 필수적인 조건일지는 몰라도 그것만으로 충분한 것은 아니라는 것이지요.

인간의 조상을 연구하는 학자들에 따르면 인간의 두뇌보다 큰 뇌를 가졌던 인류의 조상은 꽤 많았습니다. 지금으로부터 15만 년 전부터 시작하여 만 년 전까지 생존했던 다양한 인류의 조상들의 뇌는 적게는 100cc에서 많게는 400cc 이상 컸습니다.

그중에서 남아프리카공화국에서 발견된 보스콥인의 두뇌는 발견된 두뇌 중 가장 큰 두뇌입니다. 지금의 인류와 비교하면 30퍼센트 이상 컸다고 하네요. 그들의 두뇌의 크기에 주목하면, 우리가 지금까지 이룩한 일을 그들이 해내지 못한 것이 기이할 정도로 큰 두뇌를 가졌던 것으로 추측됩니다. 그런데 그들은 왜 현 인류와 같은 문명을 발전시키지 못했을까요?

만일 인간이 태어날 때부터 혼자 살아간다면 자신의 뇌를 충분히 사용하고 개발할 수 있을까요? 그 대답은 전혀 아니라는 것입니다. 인간의 뇌

는 인간 능력의 원천이고, 현재 문명을 만들어 낸 근본이지만 그것은 뇌 혼자서 해낸 일이 아닙니다. 문명의 진보를 가져다 준 공로는 뇌에 있다기보다는 그러한 뇌를 가진 사람들의 집단, 즉 공동체에 있다고 말해야 할 것입니다. 함께 살면서 만들어지고 공유되는 다양한 문화와 정신적 재산, 그리고 언어가 우리의 현재 모습을 만들었습니다.

그런데 보스콥인들이 살던 시대에 공동체의 규모는 보잘것없이 작았습니다. 그러니 문명을 발전시킬 여건이 마련되지 않았을 것입니다. 그럼에도 그들은 뛰어난 언어 능력을 갖추고, 문자 사용의 직전까지 도달해 있었을지도 모릅니다. 비록 기록으로 전달된 것은 없지만 철학적 사유와 명상을 즐겼을지도 모르는 일이죠.

그들이 인류의 조상이 되지 못한 보다 근본적인 문제는 다른 곳에 있다고 추측됩니다. 바로 그 머리 크기가 문제였던 거지요. 태아의 머리는 여성이 출산할 때 문제가 되곤 하는데, 보스콥인들의 태아는 의학에 도움이 없는 상태에서 출산에 치명적인 크기였을 것입니다. 아이러니하게도 커다란 두뇌는 그들의 생존을 방해하고 오히려 자연의 선택에서 제외되는 결과를 낳았습니다.

4장

마음은
자신의 역할을
잘 해내고 있을까요?

마음의 역할

마음의 연구가 몸의 연구와 다른 점은 마음은 눈에 보이지 않는다는 것입니다. 그래서 마음에 대한 탐구는 주로 눈에 보이는 행동 등을 통한 간접적인 방식이나 추론과 상상을 동원한 방식으로 이루어집니다. 어떤 연구 방법이 되었든 한 가지 분명한 것은 몸의 각 부분이 서로 다른 역할을 하는 것처럼 마음의 역할도 작은 부분으로 나눌 수 있고 각 부분은 특정한 일을 위해 특화되어 있을 것이라는 점입니다. 오히려 문제는 그런 각 부분의 기능을 하나로 통합하는 '마음'의 정체입니다. 실제로 어떤 철학자는 분명하게 인식하고 있는 마음의 각 부분은 존재하지만 그것들을 포함하는 하나의 '마음'이라는 것은 인간이 만들어 낸 가상의 존재라고 말하기도 합니다.

다시 말해, 뜨거운 솥을 만졌을 때의 고통, 이성 친구를 만났을 때의 두근거림, 수학문제를 풀 때의 지끈거림, 맛있는 밥을 먹을 때의 포만감과 행복감, 엄마의 잔소리를 들을 때 생겨나는 짜증은 분명히 존재하는 나의 심리 상태이지만 그것을 한데 묶어서 부르는 이름인 '마음'이라는 것은 그것만큼 분명히 존재하지 않고, 어쩌면 존재하지 않을 수도 있다는 것입니다. 마치 학생이 있고, 학교 건물이 있고, 선생님이 있고, 교실과 교탁, 칠판이 있지만 이런 것을 한데 묶는 '학교'라는 것은 그냥 말로만 존재하는 것처럼 말입니다.

그 각각의 마음 부분들을 통합하고 관리하고 조정하는 존재를 '자아'라고 합니다. 자아가 존재하느냐, 또 자아가 어떤 방식으로 존재하느냐의 문제는 다음 장에서 다룰 것입니다. 그에 앞서 마음의 각 구성원들이 얼마나 일을 잘하고 있는지 살펴볼까요? 과연 마음은 기대만큼 일을 똑똑하게 처리하고 있을까요?

마음은 그 역할에 따라 몇 가지 주요 부분으로 나눌 수 있지만 그 부분이 확실히 구분되는 영역으로 나뉘는 것은 아닙니다. 그러나 생각을 효과적으로 펼쳐 나가기 위해 편의상 마음의 영역과 역할을 구분해 보겠습니다. 마음의 영역은 크게 스스로가 나 자신임을 인식할 수 있게 돕는 자

의식 영역, 오감을 통해 외부의 정보를 받아들이는 감각지
각 영역, 다양한 경험과 정보를 저장하는 기억 영역과 지능
영역, 감정 영역으로 나눌 수 있습니다.

진화론에 따르면 마음의 각 부분은 인류가 지구 환경에
적응해 오며 만들어 낸 최적의 모습이라고 합니다. 그런데
정말 마음이 다양한 문제들을 잘 해결하고 있을까요?

영역	주요 역할
자의식(자아)	자기자신에 대한 인식(총사령관)
지능(이성)	정보 처리
감정	행위 목표 설정
기억	정보의 보관소
감각지각	오감을 통해 외부 정보 수용
그 밖의 부분들	그 밖의 역할

천재인가, 바보인가

마음의 역할 중 가장 중요하다고도 할 수 있는 정보처리
역할은 주로 지능의 영역에서 담당합니다. 정보처리 능력
으로 지능이 높은지 낮은지를 판단하지요. 스티븐 핑커의
말마따나 어떤 사람이 세 마리의 사나운 맹수가 동굴 안으

로 들어간 후 두 마리만 나온 걸 보았는데도 거리낌 없이 동굴 안으로 들어간다면 그에게 훌륭한 지능이 있다고 말할 수 없을 것입니다.

지능은 대체로 문제 해결과 연관이 있습니다. 좀 더 구체적으로 말하자면, '목표를 정하고, 현재의 상황을 파악하고, 목표 달성을 위해 현 상황을 어떻게 활용하거나 또는 변화시켜야 하는지를 추리하고 수행해내는 능력'이 지능의 역할입니다. 그래서 지능의 능력에는 판단력과 추리력 등이 포함됩니다. 이것은 인간이 가진 고차적인 사고의 능력이며 인간을 다른 동물과 구분하여 주는 특별한 능력이기도 합니다.

인간은 스스로를 '만물의 영장'이라 부르며 다른 생물들과는 구분합니다. 그런 생각의 바탕에는 인간만이 가진 고차적 사고에 대한 자부심이 깔려 있습니다. 복잡한 추리와 수학적 계산을 해내는 인간의 능력은 현재의 문명을 가능하게 했습니다. 하지만 그토록 자부심을 가지는 고차적 사고 능력도 완벽하진 않습니다. 엉성하고 비합리적인 면이 있지요. 다음의 질문에 대답해 보면 그 이유를 알 수 있을 것입니다.

문제1 철수는 겸손하고 수줍어하고 정리하기 좋아하는 사람이다. 철수가 사서일 확률과 자영업자일 확률 중 어느 것이 더 클까?

아마도 많은 사람들이 철수가 사서일 확률이 더 높다고 대답할 것입니다. 하지만 이런 결론은 우리나라의 사서의 수와 자영업자의 수를 고려하지 않은 결과입니다. 우리나라에 자영업자는 엄청나게 많지만(아마도 수백만 명은 되겠죠) 사서의 수는 그리 많지 않습니다. 전국의 도서관보다는 가게와 기업의 수가 훨씬 많을 테니까요. 그럼에도 고려해야 할 두 가지 조건, 각 직업의 인구수와 성격과 직업의 연관성 중에서 성격과 직업의 연관성이라는 조건만 고려함으로써 철수가 사서일 확률이 높다는 대답을 하는 실수를 범하게 되는 것이죠. 지능은 정보를 처리할 때 인상적인 부분에 끌리는 경향이 있는 것 같습니다.

문제2 동전을 여섯 번 던졌을 때 "앞뒤앞뒤뒤앞"이 나올 확률과 "앞앞앞앞앞앞"이 나올 확률 중 어느 것이 더 클까?

이 문제의 답은 두 경우 모두 확률은 '같다'입니다. 동전 던지기를 했을 때 앞면이 나올 확률과 뒷면이 나올 확률은 똑같이 반반입니다. 그리고 만일 두 번을 던진다면 가능한 경우는 두 번 모두 앞이 나오거나 뒤가 나올 경우, 앞이 먼저 나오는 경우랑 뒤가 먼저 나오는 경우(앞앞, 뒤뒤, 앞뒤, 뒤앞) 이렇게 네 가지 경우가 있습니다. 그리고 각각이 니올 확률은 네 번 중 한 번, 즉 4분의 1이지요. 문제에서처럼 동전을 여섯 번 던질 때나 그보다 많이 던질 때도 마찬가지입니다. 예를 들어 동전을 50번 던질 때도 모두 앞이 나올 확률과 앞과 뒤가 섞여 "앞뒤앞뒤앞뒤…"로 나올 확률은 똑같습니다. 백만 번을 던지면 달라질까요? 백만 번씩이나 앞만 나오는 기적은 일은 벌어지기 힘들다고요? 그러니 앞뒤가 섞여 나오는 두 번째 경우가 더 확률이 높을 것 같다고요? 어느 경우든 확률은 전체 경우의 수 분의 1로 똑같습니다. 백만 번을 던지든 천만 번을 던지든 확률은 같다는 것이지요. 그저 눈에 띄는 일이 벌어지지 않을 것이라는 착각일 뿐이지요.

문제3 친구와 영화를 보려고 표를 두 장 구매했다. 한 장은 할인을 받아서 오천 원에 구매했고, 다른 한 장은 제값을 주고 만 원에 구매했다. 그런데 친구가 갑자기 영화를 보지 못하게 되어 혼자 영화를 봐야 하는 상황이고, 표는 취소할 수 없다. 영화관에서 두 장의 표 중 어느 표를 내겠는가?

만 원에 구입한 표를 내면 손해를 덜 보는 느낌이라는 생각을 할 것입니다. 오천 원짜리를 낸다면 만 원을 손해 보는 느낌이지만 만 원짜리 표를 내면 오천 원만 손해 보는 느낌일 테니까요. 하지만 진짜 손해 보는 금액은 달라지지 않습니다. 어쨌든 지출한 총액은 만 오천 원이라는 점에서 변함이 없으니까요. 그럼에도 어떤 표를 내느냐에 따라 기분이 달라지는 것은 무엇 때문일까요?

문제4 2천만원짜리 자동차와 1만원짜리 열쇠고리를 사려고 한다. 그런데 동쪽으로 10분을 더 걸어가면 이천만 원짜리 자동차를 1999만 5천원에 판매하는 곳이 있다고 하고, 서쪽으로 10분을 더 걸어가면 열쇠고리를 5천 원에 판매하는 곳이 있다고 한다. 둘 중 어디로 가겠는가?

재래시장에 가면 물건 값을 흥정하는 모습을 자주 볼 수 있습니다. 심지어 백화점에서도 물건 값을 깎으려 하는 사람도 있지요. 그만큼 사람들은 가격에 민감합니다. 그런데 많은 사람들은 2천만원짜리 자동차를 살 때 5천원을 아끼기 위해 10분을 걸어가려 하지 않지만 1만원짜리 열쇠고리를 살 때 그 반값인 5천원을 아끼기 위해서라면 기꺼이 10분을 걸어가려 합니다. 사실 이쪽이나 저쪽이나 아끼는 금액은 동일한 5천원인데도 말입니다. 자동차를 살 때 아끼는 돈 5천원과 열쇠고리를 살 때 아끼는 돈 5천원의 가치가 다른가요?

　이런 사례들을 보면 인간을 가장 합리적인 동물로 만들어 준 고차적인 사고 능력과 추리 능력은 실제로 허점투성이이며 엉성하기 짝이 없다는 것을 알 수 있습니다. 어떤 경우엔 눈에 띄는 것에 홀려서 엉뚱한 판단을 하기도 하고 어떤 경우엔 다른 감정에 휘말려 실수를 하기도 하고, 어떤 경우엔 주변 것과 잘못 비교해서 실수를 하기도 합니다.

　지적인 능력은 들쑥날쑥합니다. 컴퓨터의 계산처럼 입력된 대로 정답을 내놓진 않습니다. 사람에 따라 다 달라지지요. 하지만 이렇게 개개인이 다른 답을 내놓는다는 점이 인간이 눈부신 문명을 이루게 한 힘은 아닐까요?

이성을 움직이는 감정

인간의 마음에서 지능만큼이나 중요한 부분은 감정입니다. 감정은 이성에 반대되는 것으로, 어떤 의미에서 거추장스러운 것으로 여겨지기도 하지요. 일 처리를 더디게 하고,

괜한 싸움을 불러일으키고, 사람을 약하게 만드는 것이 감정이라고 여기는 경우가 많습니다.

물론 감정에는 그런 측면이 분명 있습니다. 하지만 무엇보다 감정의 중요한 역할은 행위의 목적을 제공하는 것입니다. 특정한 목적을 달성하기 위한 다양한 수단과 방법을 구상할 때 당연히 지적인 능력이 필요하지만 목표를 설정하는 것 자체는 감정의 영역에서 이뤄지는 것입니다. 목표가 없다면 지능 자체가 무의미하다는 점에서 감정이 얼마나 중요한지 알 수 있습니다. 사람들이 목적으로 삼는 만족, 행복, 성취욕, 호기심 충족 등은 대표적인 감정의 영역입니다.

영화 〈에이 아이(A.I.)〉에선 양부모에게 버림받은 가정용 자녀 로봇이 양부모를 찾아 모험을 떠나는 장면이 나옵니다. 그 모험을 가능하게 해 준 것은 로봇에게 사랑이라는 감정이 있었기 때문입니다. 영화에서는 로봇의 발전과정을 자세히 보여 주는데, 초기의 로봇은 단순히 정보처리 지능만을 갖춘 형태였습니다. 고성능 컴퓨터에 운동 장치와 감각 장치(오감을 감지하는 장치)를 부착한 정도였지요. 그런데 로봇에게 고통과 같은 감정이 필요하게 됩니다. 로봇이 고통 등의 불쾌한 감정을 느끼지 못한다면 자신의 몸을 상하

게 할 만한 상황에서도 적절히 대처하지 못하기 때문입니다. 영화에서는 고통이라는 감정을 생명을 위협할 만한 위기 상황 속에서 즉각적인 반응을 유도해내는 역할을 하는 것으로 표현하고 있습니다.

로봇이든 사람이든 고통을 감지하는 것이 자신을 보호하는 첫 번째 단계입니다. 고통을 감지해야만 고통에서 벗어날 후속 조치가 이뤄집니다. 지적인 판단을 내리고 실행에 옮기는 것이죠. 감정의 역할은 바로 이런 것입니다. 지적인 능력을 이용해 판단을 내리고, 알맞은 수단과 방법을 찾아내도록 이끄는 것이죠.

만족, 행복, 호기심, 욕심 등 다양한 감정이야말로 인간이 문명을 이뤄 낼 수 있게 한 원동력이 아닐까요?

느낌을 100% 전달하는 게 가능할까?

언어는 인간의 삶에서 아주 큰 역할을 합니다. 그중에서 사람의 생각과 느낌, 의도, 감정, 정보 등 마음에서 일어나는 일을 전달하는 것이 언어의 가장 큰 역할이라 할 수 있지요. 이 때문에 마음을 연구하는 철학자들은 언어에 대해 큰 관심을 가지고 있습니다. 언어가 하는 일은 모두 열거할 수 없을 정도로 다양하고 중요합니다. 그런데 말로 모든 걸 전달할 수 있을까요? 언어의 역할이 중요한 만큼 언어의 한계에 대해서도 생각해 봐야 합니다.

인간의 경험이나 감각은 언어가 표현할 수 없는 대표적인 사례입니다. 자신이 느끼는 경험이나 감각을 언어로 다른 사람에게 표현할 수 있습니다. 하지만 내가 느끼는 그 경험이나 감각을 상대방도 똑같이 느낄 수 있게 언어로 표현할 수 있을까요? 다음 이야기는 그런 생각을 보여 주는 이야기입니다.

메리는 외계인이다. 지능은 인간보다 더 좋아서 지구인의 기준에서 보면 천재라고 불릴 수 있을 것 같다. 그런데 메리가 사는 행성은 모든 것이 흑백으로 되어 있다. 심지어 메리의 몸과 옷도 흑백이다. 그래서 메리는 태어난 후 지금까지 색이라는 것을 본 적이 없다. 메리는 지구를 탐험하기로 했는데 보다 성공적으로 탐험하기 위해 지구에 대한 모든 것을 배웠다. 지구뿐만 아니라 지구에 사는 인간에 대한 모든 지식을 하나씩 배워 나갔다. 그 지식에는 지구와 인간의 생활 속에서 색깔이 어떻게 작용하는지, 의미가 무

엇인지, 그리고 인간의 눈이 색깔을 어떻게 받아들이고 뇌에서 어떤 역할을 하는지 등의 색깔에 관한 모든 것도 포함되어 있었다. 한 마디로 말해 메리는 지구와 인간, 색깔에 대한 모든 지식을 알게 된 것이다. 하지만 이러한 공부를 하면서도 메리는 색을 본 적은 없다. 그러니까 메리는 색깔을 '글'로 배운 것이다.

메리는 지구의 아름다움에 관한 글을 읽으며 장미꽃은 얼마나 아름다울까, 무지개는 얼마나 화려할까, 저녁놀은 또 얼마나 예쁠까 하는 상상을 하곤 했다. 그리고 드디어 지구에 도착한 날. 메리의 눈앞에 온갖 화려한 색을 지닌 자연이 펼쳐졌다. 그곳엔 장미도 아름다운 무지개도 예쁜 저녁놀도 있었다. 과연 메리는 어떤 반응을 보일까?

※ 이 이야기는 미국의 철학자 프랭크 잭슨의 「메리가 알지 못한 것」에 나온 이야기를 토대로 변형한 것입니다.

장미와 무지개, 저녁놀은 본 메리는 과연 뭐라고 했을까요? 이미 알고 있었던 내용이라고 말했을까요, 아니면 처음 보는 색깔에 놀라움을 금치 못했을까요?

메리가 실제로 색깔을 처음 보았을 때 전에는 느끼지 못했던 새로운 감정이 생겼다면 말로 표현할 수 없는 것이 있음을 인정해야 합니다.

이 질문에 대해서는 철학자들이나 과학자들마다 서로 다른 대답을 내놓고 있습니다. 그만큼 쉬운 질문은 아니지요. 여러분은 어떻게 생각하나요? 과연 메리는 책에서와 달리 새로운 느낌을 갖게 될까요?

의문은 여기에서 끝나는 것이 아닙니다. 만약 느낌을 언어로 표현한다고 해도 내가 느끼는 감정과 상대방이 느끼는 감정이 같다고 할 수 있을까요? 과연 그 감정을 비교하는 게 가능할까요?

인간은 매 순간 다양한 감정을 느낍니다. 나만이 느끼는 고유한 감정도 있겠지만 사람들이 느끼는 대개의 느낌은 크게 다르지 않습니다. 그런데도 여전히 감정이라는 수수께끼는 본 모습을 감추고 있습니다. 앞서 언급한 궁금증 이외에도 감정에 대한 의문은 현대의 많은 뇌 과학자들이 붙들고 해결하고자 노력하는 문제들 중 하나입니다. 과연 어떤 답이 나올지 기다려집니다.

기억의 비밀

〈세상에 이런 일이〉 같은 TV 프로그램을 보면 신기하고 놀라운 능력을 가진 사람들이 종종 등장합니다. 그중 기억력에 관한 재미있는 사례가 될 만한 할아버지 한 분을 소개하겠습니다. 그 할아버지는 서울시의 전체 지하철 노선도를 정확히 암기할 정도로 기억력이 좋았습니다. 지하철 1호선에서 9호선, 국철까지 모든 노선의 역 이름과 순서를 빠짐없이 외우고 있었죠. 그뿐만이 아니라 세계 모든 나라와 수도의 이름, 유명한 산의 높이와 강의 길이까지 모르는 게 없을 정도로 많은 것을 정확하게 외우고 있었습니다. 그래서 그 할아버지의 주변 사람들은 궁금한 게 있으면 그 할아버지에게 묻곤 했답니다. 이 정도면 천재가 아닌가 싶죠? 그런데 놀라운 건 그게 아니었습니다. 모든 것을 암기하고 있는 할아버지가 정작 오늘 아침에 어떤 반찬을 먹었는지, 오늘이 며칠인지, 열쇠를 어디에 두었는지는 좀처럼 기억하지 못한다는 겁니다. 옛날 일은 잘 기억하지만 최근 일은 잘 기억하지 못하는 것입니다. 보통의 경우와는 완전 반대입니다. 여러분은 옛날에 있었던 일보다 최근 일을 더 잘 기억하지 않나요?

도무지 알 수 없는 기억력의 신비한 사례는 『아내를 모자로 착각한 남자』에 소개된 마틴이라는 남자에게서도 찾을 수 있습니다. 마틴은 놀라울 정도로 뛰어난 기억력으로 사람들의 관심을 받았습니다. 그는 자신이 살던 뉴욕의 모든 거리, 건물, 전철과 버스 노선을 모조리 기억하고 있었으며, 한 번 들은 오페라와 오라토리오를 기억해 낼 수 있었습니다. 심지어 아홉 권으로 이뤄진 방대한 음악사전인 『그로브 음악, 음악가 사전』을 통째로 외우고 있다고도 합니다. 6,000쪽에 달하는 내용을 말입니다. 더욱 놀라운 건 이 내용을 한 번 듣고 외우게 되었다는 점입니다. 그는 글을 읽을 줄 몰랐습니다. 그의 아버지가 마틴의 나이가 서른살 일 때 그 책을 처음부터 끝까지 읽어 주었을 뿐이었죠. 그렇게 한 번 들은 내용이 마틴의 머릿속에 영원히 저장된 것입니다.

사실 마틴은 지능이 평균보다 떨어지는 정신지체장애인이었습니다. 어릴 때 수막염을 앓은 후 정신지체를 얻게 된 것이죠. 누구보다 뛰어난 기억력을 가진 사람의 지능이 보통보다 낮다니, 쉽게 이해가 되지 않습니다.

인간의 기억 능력은 뇌 과학 분야에서도 활발히 연구되고 있는 분야입니다. 아직까지 기억에 관한 완전한 정보를 알지는 못하지만 앞의 할아버지의 경우나 마틴의 경우를 통해 기억이 저장되고 생성되는 과정에 대한 연구 성과가 하나씩 늘어가고 있습니다. 이 경우를 통해 뇌에는 단기기억과 장기기억을 담당하는 부분이 따로 있다는 점이 밝혀졌으며 그것들이 어떻게 서로 영향을 주고받는지에 대한 연구가 진행되고 있습니다. 뇌에 대한 연구는 하면 할수록 신비로운 것 같네요.

　인간의 마음을 부분으로 나누는 일이나 뇌의 역할을 부분으로 나누는 일은 쉬운 일이 아닙니다. 칼로 자른 듯 나눠지지도 않지요. 하지만 이렇게 부분의 역할에 집중하는 것이 인간의 마음에 대해 많은 정보를 주는 것은 분명해 보입니다. 적어도 인간의 마음이 생각했던 것처럼 완벽하게 작동하는 것은 아니라는 것은 알게 되었으니까요.

감각은 내가 직접 보고 듣는 것이니 틀릴 수가 없다고 생각합니다. 그런데 정말 오감을 통한 감각지각은 믿을 만할까요? 심리학자들이 제시하는 여러 가지 착시 현상은 인간의 감각지각이 그리 신통치 않음을 보여 줍니다.

그림 속의 체스판에서 A면과 B면 중 어디가 더 밝은가요? 아마 누구라도 B면이 더 밝다고 말할 것입니다. 하지만 오른쪽의 그림을 보면 두 면의 밝기가 같다는 것을 알 수 있습니다. 눈으로 보고도 믿어지지 않는다고요? 두 면의 밝기가 같다는 사실을 알고 난 후에도 두 개의 면이 같은 밝기로 보이지 않습니다. 어쩔 수 없이 알면서도 계속 속게 되는 것이죠. 그런데 이러한 착시 현상은 명암에서만 일어나는 것은 아닙니다. 다음 그림을 보세요.

블록의 윗면과 앞면에는 같은 색깔이 하나 있습니다. 어느 것일까요?

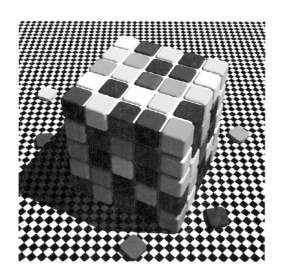

그렇게 보이지 않겠지만 사실 윗면 가운데 있는 고동색과 앞면 가운데 있는 노란색은 같은 색입니다. 분명 '고동색'과 '노란색'이라고 말할 정도로 다른 색으로 보이지만 같은 색입니다. 이렇게 두 눈을 똑바로 뜨고도 속을 수밖에 없습니다.

이런 감각의 착각은 시각에만 한정되는 게 아닙니다. 동일한 발음이라

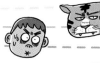

도 말소리를 내는 사람의 입모양에 따라 다르게 들리는 착각도 일으키는데 이것을 맥거크 효과라고 합니다. 예를 들어, '가'라는 입 모양을 내는 영상에 '바'라는 소리를 입히면 듣는 사람들에게 그 소리가 '다'로 들린다는 것입니다. 눈과 귀가 협력하여 착각을 일으키는 것이죠.

내 눈으로 보고, 내 귀로 들었다면 사실이라고 생각하기 쉽습니다. 하지만 이렇게 불확실하고 주관적인 게 감각지각이라면 어떻게 해야 할까요? 그렇다고 감각지각을 무조건 의심할 수는 없습니다. 다만 우리의 감각을 무한정 신뢰할 것이 아니라 조금은 조심해야 하지 않을까요?

'자아'는 마음의 주체

앞서 마음의 주요 부분과 그 역할을 살펴보았습니다. 지능과 감정, 감각지각 능력, 기억은 인간 활동의 뿌리이며 마음을 구성하는 중요한 부분입니다. 가끔 실수를 하기도 하지만 여전히 소중한 능력임엔 분명합니다. 이 장에서는 '자아'에 대해 살펴보겠습니다.

식물은 자아를 가지고 있지 않다고 생각합니다. 식물엔 의식이 없으니까요. 동물 중에서도 의식을 가진 것들이 있는데 과학자들은 아주 소수의 동물에게만 자아가 있다고 말합니다. 연구자들은 자아가 있는지 검사하는 방법으로 동물에게 거울을 보여 줍니다. 거울을 봤을 때 거울 속 존재가 자기 자신이라는 것을 알아차리는 동물은 자아를 가진 것이라 판단하는 것이죠. 이 실험에 따르면 원숭이, 어린 침팬지, 나이 든 침팬지, 코끼리와 사람도 걸음마 단계의 유아에게는 자아가 없었습니다. 반면 고릴라, 오랑우탄, 젊은 침팬지에겐 자아가 있는 것으로 밝혀졌지요. 당연히 인간도 어느 정도 자라면 자아를 가지게 됩니다.

자아는 인간을 가장 인간답게 만들어 주는 특징일지도 모릅니다. 자아는 인간의 감각과 경험, 사고의 중심 역할을 하는 행위의 주체이고, 마음의 각 부분을 조율해 몸 전체를 일사천리로 조정해 내는 일을 합니다. 그러니 한 사람의 가치는 그의 자아에서 나온다고 말할 수도 있습니다.

그런데 이렇듯 중요하고 마음의 핵심적인 위치를 차지하

는 자아의 구체적인 성질이나 내용을 실험으로 알아내기가 참 곤란합니다. 대상이 인간이기 때문이죠. 그래서 많은 연구자들은 사고실험을 통해 자아에 대한 연구를 진행하곤 합니다. 가상의 이야기지만 이런 상상을 하는 이유는 마음과 자아에 대해 보다 명확히 알기 위해서입니다.

지금부터 몇 가지 사고실험을 통해 '나'에 대해 조금 더 알아볼까요?

'나'는 정말 '나'일까?

❶ 텔레포테이션

SF영화 〈스타트렉〉에는 '텔레포테이션(teleportation)'이라는 기계가 등장합니다. 이 기계는 사물이나 사람을 구성하는 성분과 구조를 분석해 정보를 얻어 내고, 그 사물이나 사람을 분해한 후 다시 원하는 장소에 똑같이 재구성해 내는 전송 장치입니다. 영화 속에선 사람들이 이 장치를 이용해 먼 거리도 순식간에 이동하는 것으로 나옵니다. 그래서 '순간이동기'라고도 불리지만 엄밀히 따지면 이 기계는 어떤 것도 '이동'시키지 않습니다. 그저 그 성분을 분석해

다른 곳에 '복제'하는 것이지요. 그렇다면 과연 그렇게 복제된 사람은 복제되기 전의 사람과 동일한 인물일까요?

조금 더 상상해 봅시다. '텔레포테이션'은 인간을 전송하기 위해 인간을 구성하는 물질과 구조를 분석합니다. 만일 그렇게 분석한 정보로 '나'를 여러 장소에 똑같이 복제한다면 그렇게 복제된 인간 중에서 '나'는 누구인가요? 아니면 내가 여럿이 되는 걸까요?

❷ 비커 속에 담긴 두뇌

룸메이트와 함께 살던 '나'는 어느 날 밤 룸메이트가 괴한들에게 잡혀가는 모습을 목격했다. 너무 놀란 나는 일단 괴한들이 친구를 어디로 데려가는지 알아내기 위해 추격하기 시작했다. 한참을 달려 어느 허름한 공장 앞에 선 괴한들은 친구를 들쳐 업고 공장의 지하실로 내려갔다. 괴한들을 따라 조심스레 지하실로 내려간 나는 그곳에서 엄청난 광경을 목격했다. 엄청난 규모의 연구실에 의사처럼 보이는 사람들이 친구의 머리에서 뇌를 꺼내 투명한 액체가 가득한 비커에 담는 게 아닌가. 이 광경을 보던 나는 더 이상 참을 수 없어 쇠파이프를 들고 과학자들 앞에 나섰다.

그들은 나를 보더니 흠칫 놀랐다. 하지만 이내 정신을 가다듬고는 무슨 일인지 설명하기 시작했다. 그들은 정부의 지원을 받아 연구를 진행하는 뇌 과학자들인데, 이 연구가 워낙 위험하고 윤리적으로 문제가 많아 비밀리에 진행하고 있다는 것이다. 그들은 뇌에 현실과 똑같은 느낌이 드는 착각을 일으키는 실험을 진행 중이라고 했다. 외부의 정보가 오감을 통해 뇌에 전달될 때 전기신호를 보내듯이 뇌와 연결된 슈퍼컴퓨터에서 특정한 전기신호를 보낸다. 그러면 뇌는 마치 자기가 직접 어떤 경험을 하고 있는 듯한 착각을 일으키게 되는 것이다.

실험은 거의 마무리 단계라고 했다. 결국 친구의 몸은 버려지고 뇌만 남은 상태인데, 뇌에 연결된 슈퍼컴퓨터가 마치 외부 세계의 감각인 것 같은 자극을 뇌에 보내면 뇌는 마치 자기가 몸을 가지고 현실 속에서 살아가는 듯한 경험(착각)을 한다는 것이다.

이 이야기를 다 들은 나는 잠시 혼란을 느꼈지만 결국 친구를 죽인 건 변함없지 않은가! 끓어오르는 분노를 참지 못하고 쇠파이프를 들고 뛰어나가며 외쳤다.

"다 부숴버릴 거야!"

그때 한 명의 과학자가 나서며 내게 말한다.

"넌 어제 이미 했어."

이 이야기 속의 주인공이 겪은 추격전은 현실일까요? 아니면 비커 속에 담긴 뇌에 전달한 전기신호일 뿐일까요? 고대 중국의 철학자 장자는 어느 날 나비가 된 꿈을 꿨는데, 깨어 보니 꿈이 너무 생생해서 자기가 나비가 되는 꿈을 꾼 건지 나비가 인간이 되는 꿈을 꾸고 있는 건지 잘 모르겠다고 말했습니다. 여러분은 꿈인지 생시인지 모를 정도의 생생한 꿈을 꿔 본 적 없나요?

'비커에 들어 있는 뇌'라는 상상이 현실로 실현 가능해진다면 미래의 어느 날(그게 500년 후라고 해도) 컴퓨터를 통해 2014년의 오늘을 꿈꾸도록 입력할 수 있겠죠. 그렇다면 여

러분이 겪는 오늘이 컴퓨터에 의해 만들어진 꿈이 아니라는 보장이 있나요?

현실과 가상을 구분할 수 없다면 현실은 어떤 의미가 있을까요? 그리고 지금 내가 생각하는 나의 모습이 사실과 다르다면 '나'는 무엇일까요?

❸ 10년 전의 나와 지금의 나

이번 상상은 조금은 현실적인 상상입니다. 인간의 몸은 세포로 이뤄져 있고, 그 세포는 일정한 시간이 지나면 죽고 새로운 세포로 교체됩니다. 갓난아기였을 때 몸을 이루고 있던 세포들은 아마도 거의 다 교체되고 남아 있지 않을 것입니다. 그렇다면 갓 태어났을 때의 나와 지금의 나는 동일한 사람일까요? 만일 태어났을 때 내 몸을 구성하고 있던 물질들이 모두 사라지고 지금은 완전히 다른 물질로 구성되어 있다면 여전히 나는 그때와 같은 사람이라고 말할 수 있을까요? 물질이 달라져도 자아는 그대로 유지되고 있는 것일까요?

❹ 두 개의 자아

뇌의 좌반구와 우반구는 서로 많은 양의 정보를 교환합니다. 그런데 좌뇌와 우뇌를 연결하는 부분이 끊어지면 어떤 일이 벌어질까요?

심한 간질병 환자의 경우 뇌의 좌반구와 우반구를 연결하는 뇌량을 제거하면 간질 증상이 많이 호전된다고 합니다. 뇌량은 좌뇌와 우뇌를 연결하는 일종의 통로인데 뇌량이 제거되면 좌뇌와 우뇌의 정보가 서로 전달되지 않아 몇 가지 부작용이 발생합니다.

뇌량을 잘라 낸 여자 환자의 우측 시야에 남자의 누드 사진을 보여 준 후 그에게 무엇을 봤느냐고 물으면 그 환자는 얼굴을 붉히며 남자 누드라고 대답합니다. 우측 눈으로 들어온 누드 사진에 대한 정보는 좌뇌로 전달되고 좌뇌의 언어 기능을 통해 무엇을 보았는지 제대로 말을 하는 것이죠. 그런데 누드 사진을 좌측 시야에 보여 주면 상황은 달라집니다. 그것이 무엇이냐고 물으면 환자는 아무것도 안 보인다고 말하지만 얼굴은 살짝 붉어지죠. 좌측 눈으로 들어온 누드 사진에 대한 정보는 우뇌로 전달되지만 자기가 본 것을 말로는 표현할 수 없는 것입니다. 우뇌로 들어온 정보를 좌뇌로 보내는 다리가 끊겼기 때문입니다.

뿐만 아니라 뇌량을 잘라 낸 어떤 환자에게 오른손으로 블록을 쌓게 하면 오른손을 지배하는 좌측 뇌는 공간 감각이 부족하기 때문에 자꾸 실수를 한다고 합니다. 이때 공간 능력을 담당하는 우뇌가 왼손으로 오른손을 도우려고 하면 오른손이 왼손을 밀쳐 낸다고 하지요. 이런 일이 반복되면 좌뇌는 왼손에 간섭하지 말라고 심한 욕을 하기도 한다는군요. 마치 한 뇌에 두 사람이 들어 있는 것처럼 말이죠.

두 손이 서로 싸우는 경우는 더 있습니다. 역시 뇌량을 잘라 낸 어떤 환자에게 수건으로 얼굴을 닦으라고 하면 환

자의 오른손과 왼손이 서로 수건을 빼앗기지 않으려고 실랑이를 벌이는 경우가 있습니다.

뇌량을 잘라 낸 환자의 사례를 살펴보면 단순하게 좌뇌와 우뇌의 정보가 교환되지 않아 생기는 문제에서 그치는 것 같지 않습니다. 마치 두 사람인 것처럼 보이지 않나요? 좌뇌와 우뇌의 정보가 단절되면 좌뇌와 우뇌는 각각 하나의 자아가 되는 것처럼 보입니다.

그런데 이 말처럼 이상한 말도 없습니다. 하나의 뇌에 두 개의 자아가 있다는 게 말이 되나요? 이렇게 하나의 뇌에 두 개처럼 보이는 자아가 있다면 '한 사람'이라는 것은 무슨 의미일까요?

남을 알면 나를 알 수 있다고?

'나'에게 마음이 있다는 것은 누구에게나 분명한 사실이며, 이것보다 분명한 것은 이 세상 어디에도 없습니다. 내 마음은 나에게 분명히 느껴지기 때문입니다. 하지만 '나'에서 한 발짝만 벗어나 다른 사람을 보면, 상황은 완전히 달라집니다. 내 마음과 달리 그 사람의 마음은 느껴지거나 보이거나 들리는 것이 아니기 때문입니다. '나'와 달리 '그 사람'에게 마음이 있는지 없는지의 문제는 일종의 수수께끼 같습니다.

적어도 타인의 마음을 '나'의 오감으로 직접 확인할 수는 없습니다. 그래서 사람들은 타인의 마음도 오감이 아닌 마음의 눈, 즉 '내성'으로 봐야 한다고 말하기도 합니다. 남의 마음을 아는 것도 결국 그 밑바탕에는 내 마음에 대한 이해가 놓여 있다는 것입니다. 과연 그게 가능할까요? 어떻게 남의 마음을 알아낼까요?

이 질문에 답하기 위해 많은 과학자들과 철학자들이 연구해 왔고, '셀리-앤 테스트'라는 심리학 실험을 통해 일정한 나이가 들면 자연스럽게 타인의 마음을 읽게 된다는 것을 알게 되었습니다. '셀리-앤 테스트'의 내용은 다음과 같습니다.

셀리는 인형을 유모차에 넣어 두고 밖으로 나간다. 셀리가 밖으로 나간 사이 앤은 유모차에 있던 인형을 꺼내 상자 속에 숨겼다. 이런 사실을 전혀 모르는 셀리가 다시 방에 들어 왔을 때 인형을 찾기 위해 가장 먼저 어디를 뒤질까?

이러한 심리학자의 질문에 네 살 반이 되지 않은 아이들은 상자를 먼저 뒤진다고 대답합니다. 아직 타인의 마음을 읽어 내는 능력이 없는 어린 아이들은 다른 사람이 자신과 다른 생각을 한다는 것을 잘 이해하지 못합니다. 다른 사람들도 모두 자기가 믿는 것과 똑같은 것을 믿고 있다고 생각하는 것이죠. 이런 경향은 네 살 반이 지나면 점차 약해져서 조금씩 다른 사람이 입장에서 생각하는 능력을 형성하기 시작합니다. 그래서 셀리가 어디를 먼저 뒤질까라는 질문에 이제 유모차를 뒤질 것이라는 대답을 하게 되는 것이죠. 그런데 이게 무슨 대수로운 능력이냐고 반문하는 사람들이 있을지도 모르겠습니다. 하지만 다음의 자폐증 환자의 사례를 본다면 생각이 달라질 것입니다.

셀리-앤 테스트에서 네 살 반이 넘은 아이들 대부분이 셀리가 유모차를 먼저 뒤질 것이라고 대답하는 반면, 자폐증 환자들은 상자 속을 먼저 뒤질 것이라고 대답하는 비율이 월등히 높았다고 합니다. 이는 타인의 마음을 읽어 내는 능력에 문제가 생겼다는 증거입니다. 자폐증 환자들은 남의 마음을 읽어 내는 능력에 문제가 있습니다. 다른 사람을 바라볼 때 그 사람에게 마음이 있다는 생각을 하지 않는다면 다른 사람은 어떻게 보일까요? 교실에서 만난 친구들의 모습은 이렇게 보일 것입니다.

"전체를 헝겊 조각으로 둘러싼 고깃덩어리들이 의자에 걸쳐 있거나 여기저기로 돌아다니기도 하고 갑자기 펄쩍 뛰어오르기도 한다. 그것들의 꼭대기에 동그란 덩어리가 있는데, 그 덩어리의 윗부분에는 검은색 실들이 덮여 있다. 그 검은 실 바로 아래에 검은 점이 두 개 있는데, 이리저리 쉴 새 없이 돌아간다. 그 점 밑에 있는 구멍은 수시로 닫히고 열리는데 그때마다 그 구멍으로 음식이 들어가기도 하고 시끄러운 소리가 나오기도 한다."

심리학자들은 자폐증 환자가 이런 경험을 할 것이라고 상상합니다. 연구자들은 자폐증 환자는 다른 사람의 마음을 읽어 내는 능력이 손상됐다고 판단합니다. 그들에게 마음을 가진 타인은 이해할 수 없는 불가사의한 존재일 뿐이죠.

사실 자신의 상자 속 딱정벌레만을 바라볼 수 있는 우리가 남의 마음을 이해한다는 것은 쉬운 일은 아닙니다. 그렇다면 우리는 어떻게 다른 사람의 마음이 존재한다는 것을 알 수 있을까요?

다른 사람의 입장에 설 줄 아는 능력은 자아를 형성하는 과정에서 가장 중요한 부분 중의 하나입니다. 자신은 남들과의 관계 속에서 의미를 갖기 때문입니다. 실제로 신경과학의 연구 결과에 따르면 자신을 생각할 때 활성화되는 뇌의 부분이 타인의 입장을 생각할 때 활성화되는 부분과 동일하다고 합니다. 남을 이해하는 것이나 나를 이해하는 것이 크게 다르지 않다는 것입니다. 이러한 경험적 연구 결과는 '나'와 '남'은 비록 떨어져 있어도 뇌에서는 유사한 방식으로 이해하게 되는 존재라는 사실을 말해 줍니다.

우주의 탄생으로 일컬어지는 '빅뱅' 이래로 우주는 자연의 법칙을 따라 움직여 왔습니다. 하나의 사건은 다른 사건을 일으키고, 그렇게 일어난 사건은 또 다른 사건을 일으키는 마치 도미노와 같은 관계 속에 있습니다. 우주의 모든 사물은 자연 법칙의 지배를 받는다고 할 수 있을 것입니다. 그런데 법칙의 지배를 받지 않는 것처럼 보이는 아주 독특한 것이 있습니다. 그것은 바로 인간의 마음입니다.

그런 마음의 특징을 '자유의지'라고 합니다. 인간의 생각이나 행동이 법칙의 지배만을 받는 것이 아니라 '자유로운 의지'에 따라 생기기도 한다는 것입니다.

그 의미를 알기 위해 간단한 실험을 한번 해 보겠습니다. 두 손을 들 준비를 하고, '시작'이라고 하면 한 쪽 손을 들면 됩니다. 어느 손을 들어도 괜찮지만 다른 이유 때문에 억지로 손을 들어서는 안 됩니다. 여러분은 완전히 자유로운 스스로의 의지로 손을 들면 됩니다. 자, 시작!

자신의 의지대로 손을 들었나요? 어느 쪽을 들었나요? 어느 한쪽 손을 들 게 한 것이 여러분의 자유로운 의지라고 생각하면 '자유의지'를 인정하는 것입니다. 다시 말해 인간은 자유롭게 무엇인가를 결정할 수 있다는 것입니다.

　하지만 스피노자라는 철학자는 인간의 자유를 던져진 돌에 비유하며 인간의 자유의지에 반대하는 의견을 주장했습니다. 던져진 돌은 자신이 자유롭게 날아가고 있다고 생각하지만 사실 돌은 중력이라는 자연의 법칙을 따르는 것입니다. 인간도 스스로 자유롭게 행동을 결정한다고 생각하지만 사실은 그렇지 않다는 것입니다. 여러분이 어느 손이든 한쪽 손을 들기로 스스로 정한 것 같지만 이미 그렇게 들기로 정해져 있을 수 있다는 것입니다. 어쩌면 여러분이 왼손잡이인지 오른손잡이인지에 따라 이미 정해진 것일지도 모를 일이죠.

　하지만 기계와 비교하면 인간은 자유의지로 행동하는 것처럼 보입니다. 기계는 설계된 대로 움직일 따름이니까요. 동물과 비교해서는 어떤가요? 동물은 자유의자보다 본능에 의해 행동합니다. 아무리 배가 고프더라도 호랑이가 풀을 먹지 않는 것처럼 말이에요.

　이렇게 보면 인간에겐 자유의지가 있어 보입니다. 그렇다면 이 자유의지야말로 인간을 기계나 동물과 다른 특별한 존재로 만들어 주는 게 아닐까 싶습니다. 어떤가요? 여러분은 여러분의 의지대로 행동하고 있나요?

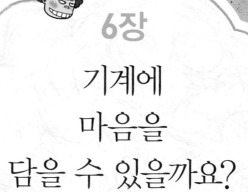

6장

기계에
마음을
담을 수 있을까요?

인간을 닮은 존재

지금까지 우리는 인간의 마음에 대해 다양한 방법으로 알아보았습니다. 다시 원래 질문으로 돌아가 볼까요? 처음의 질문은 다음과 같았습니다.

- 로봇은 마음을 가질 수 있을까요?
- 앤드류는 인간과 사랑하고 결혼할 수 있을까요?
- 피노키오는 사람의 몸을 가져야 진짜 어린이가 되는 것일까요?
- 허수아비와 양철나무꾼은 어떻게 뇌와 심장이 없이 지혜와 마음을 가질 수 있었을까요?

이 질문에 답하기 위해 마음에 대해 알아봤으며, 마음을 담고 있는 것으로 여겨지는 두뇌의 기능에 대해서 알아봤습니다.

인간은 인간의 마음을 가진 인조인간을 항상 꿈꿔왔습니다. 피노키오, 허수아비, 양철나무꾼 그리고 로봇까지. 이것들 말고도 인류는 마음을 가진 인조인간을 수없이 상상해 왔습니다.

그리스 신화에 등장하는 대장장이 신 헤파이스토스는 못 만드는 게 없는 것으로 유명했는데, 특히 자신이 만든 물건을 스스로 움직이게 하고 지능을 갖게 하는 능력으로 유명했습니다. 그래서 그는 살아 있는 소녀의 모습을 한 하녀를 금으로 만들어서 데리고 다녔다고 합니다. 그녀는 분별력이 있고, 말을 할 수도 있으며, 근육을 움직일 줄 알아서 물레질과 베짜기도 할 수 있었다고 전해지지요. 또 크레타 섬을 지키는 탈로스라 불리는 청동거인 이야기도 전해집니다. 역시 헤파이스토스가 만든 이 청동거인은 하루에 세 차례씩 섬을 순찰하는 일을 했다고 하지요. 그 밖에도 그리스 신화에는 다양한 인조인간이 등장합니다.

이런 인조인간은 다른 신화 속에서도 찾아볼 수 있는데, 유대인들의 전설 속에 등장하는 골렘(golem)이 바로 그것입니다. 영화 〈반지의 제왕〉을 통해 유명해진 '골렘'은 히브리어로 '미숙한 물질'이란 뜻입니다. 진흙으로 만들어진 골렘은 생명은 있지만 완벽하지 못한 존재로 표현됩니다.

헤파이스토스의 황금하녀와 청동거인 탈로스, 그리고 골렘은 모두 만들어진 존재라는 공통점을 가지고 있으며, 스스로 움직인다는 점에서 로봇과 비슷한 존재로 이해할 수 있습니다.

그렇다면 인간은 왜 자꾸 자신들을 닮은 존재를 만들려고 하는 것일까요? 인간은 자신을 닮은 존재를 항상 꿈꿉니다. 부모가 자신을 닮은 자식을 낳으며 기뻐하는 것처럼 자신을 닮은 인조인간을 통해 기쁨을 느끼는 것은 어쩌면 인간의 본능이라 할 수 있습니다. 이러한 욕구는 현대에도 이어졌습니다. 인간을 닮은 로봇이 등장하는 영화 속으로 들어가 볼까요?

로봇도 자유롭게 판단할 수 있을까?

현실 속에서 로봇은 다양한 장소에서 인간의 일을 도와주는 쓰임새 많은 도구 정도이지만 상상 속의 로봇은 현실보다 훨씬 더 발전해 있습니다. 자동으로 움직일 뿐만 아니라 스스로 판단하고 계획하고 위기에 대처하는 등 인간의 사고 능력과 아주 유사한 능력을 가진 것으로 그려지지요. 이 부분에서 주목해야 할 점은 '자율성'입니다. 로봇이 스스로의 일을 처리하고 문제가 생기면 문제도 알아서 해결하면 좋겠죠. 하지만 로봇에게 자율성이 꼭 좋기만 한 것은 아닙니다.

영화 〈아이 로봇〉에서는 로봇들이 '스스로 판단하여' 인류를 위기에서 구하기 위해 인류의 자유를 억압하고 로봇의 명령을 받도록 만듭니다. 그게 인간을 위해 좋다고 판단한 것이죠. 영화 속에 등장하는 어떤 로봇은 인간을 미워하고 증오하여 전쟁을 일으키기도 합니다. 자신의 생존을 위해 자율적으로 그런 판단을 내린 것이죠. 물론 그중에는 스스로 고민하며 자신의 정체성을 찾아 모험을 떠나는 로봇들도 있습니다. 과연 미래의 로봇은 어떤 모습으로 나타날까요?

미래의 로봇이 어느 정도까지 발전할지에 대해선 인지과학자들이나 로봇공학자들 사이에서도 의견이 일치하지 않습니다. 한쪽에서는 로봇이 육체적으로는 인간을 뛰어넘을 수 있지만 정신적인 면에서는 결코 인간 같아질 수 없다고 주장합니다. 로봇은 결코 인간의 감정을 가질 수 없으며, 사랑이나 분노, 아름다움 등의 감정을 느끼는 일은 없을 것이라고 말합니다. 기껏해야 그런 감정을 '흉내 내도록' 만들 수 있을 뿐이라는 것이죠. 비록 컴퓨터나 로봇이 인간의 육체적인 능력을 능가하고, 정신적인 능력 중에서도 기억력이나 계산 능력은 인간보다 월등하다 하더라도, 로봇이 결코 이뤄 낼 수 없는 부분이 인간 마음이고 바로 인간을 인간으로 만들어 주는 핵심이라고 말합니다.

반면 다니엘 데닛 같은 철학자는 인간 정신의 논리적 구조를 파악하기만 하면 로봇에게도 동일한 구조를 프로그래밍할 수 있으며, 그렇게 된다면 근본적으로 인간과 로봇의 구분이 없어질 것이라고 예측합니다. 아직 인간 정신의 논리적 구조는 충분히 알려져 있지 않지만 꽤 많은 과학자들은 그런 날이 올 수도 있다고 기대하는 것 같습니다. 특히 요즘같이 컴퓨터 과학과 인공지능 연구가 빠른 속도로 발전한다면 조만간 그런 일이 실현될지도 모르겠네요.

하지만 로봇공학자들의 연구 성과를 기다릴 것 없이 이 질문에 대해 미리 생각해 볼 수 있습니다. 우리보다 이전에도 이미 로봇의 자율성에 대해 연구한 사람도 있었고요. 아이작 아시모프*라고 하는 SF 소설가는 1942년 단편소설 「속임수」에서 '로봇공학의 3원칙'을 제시했습니다. 동료 소설가와의 대화 속에서 아이디어를 얻었다는 이 원칙은 이제 로봇이 등장하는 영화와 소설에서 아주 중요한 소재가 되고 있습니다. 그 원칙은 다음과 같습니다.

* 아이작 아시모프(Isaac Asimov, 1920~1992) 러시아에서 태어나 미국에서 활동한 과학소설가이자 과학자이다. 특히 과학소설계의 3대 거장으로 꼽히며 다양한 작품을 다수 발표하였다. 그의 많은 소설들이 영화로 만들어졌는데, 〈아이 로봇〉과 〈바이센테니얼 맨〉도 그의 작품을 영화한 것이다.

〈로봇공학의 3원칙〉

1원칙 로봇은 인간을 해칠 수 없으며, 위험에 처한 인간을 구해야 한다.

2원칙 1원칙에 벗어나지 않는 범위 내에서, 로봇은 인간의 명령을 들어야 한다.

3원칙 2원칙에 벗어나지 않는 범위 내에서, 로봇은 자신을 지켜야 한다.

여기서 '원칙'이라는 말에 주목해야 합니다. 원칙은 무슨 뜻일까요? 원칙과 비슷한 단어인 법칙과 규칙이라는 단어에서부터 그 의미를 찾아가 봅시다.

우선 법칙과 규칙의 차이를 따져 볼까요? 쉽게 떠오르는 법칙에는 '만유인력의 법칙'이나 '에너지보존의 법칙', '적자생존의 법칙'과 같은 과학적 법칙들이 있습니다. 그 법칙에는 예외란 존재하지 않습니다. 반면 규칙에는 '뛰지 마시오', '떠들지 마시오'와 같은 것이 있습니다. 그럼 다음과 같은 규칙은 어떤가요?

"교실에서 날지 마시오."

세상 어느 교실에도 이런 규칙은 없습니다. 왜일까요? 이것이 바로 규칙의 특징입니다. 규칙은 대체로 우리가 할 수 있는 것과 하고 싶은 것을 금지하고, 하기 싫은 것을 권장하거나 강요합니다. 그래서 할 수 없는 것에는 규칙이 없습니다. 대신 그것을 법칙이라고 부릅니다. 날지 말라는 규칙이 없는 이유는 인간은 교실에서 날 수 없기 때문입니다. 다시 말해 규칙은 가능한 것을 하지 못하게 하는 것입니다.

그렇다면 로봇공학의 3원칙은 규칙인가요, 법칙인가요? 이 원칙은 '지켜야 하는 것'인가요, '지킬 수밖에 없는 것'인가요? 만일 지켜야 하는 것이라면 그것은 규칙일 테고, 지킬 수밖에 없는 것이라면 그것은 법칙일 것입니다. 또 이렇게 질문을 할 수도 있습니다. 이 원칙은 누가 지켜야 하는 것일까요? 로봇일까요, 로봇을 만드는 공학자일까요? 이 질문에는 다음과 같이 대답할 수 있을 것입니다.

"로봇에겐 법칙을! 인간에겐 규칙을!!"

아이작 아시모프가 로봇공학의 3원칙을 만들었을 땐 특별한 이유가 있었습니다. 당시 로봇은 인간과 평화롭게 공존하거나 인간을 위해 봉사하는 도구가 아닌 인간에 대항하고 인간을 정복하거나 파괴하는 무시무시한 존재로 묘사되었습니다. 아시모프는 새로운 로봇의 모습을 만들어내고 싶었던 것 같습니다. 그래서 인간에게 위협적이지 않은 로봇을 만들기 위한 조건을 제시했던 것이죠.

로봇공학자에게 이 원칙을 프로그래밍하는 것은 하나의 규칙입니다. 원칙을 입력할지 입력하지 않을지는 로봇공학자가 결정할 일이니까요. 물론 그 결정을 법이나 도덕으로 강제할 수는 있을 것입니다. 그럼에도 그것은 규칙일 뿐이고 로봇공학자가 지키지 않을 가능성은 항상 남아 있습니다. 하지만 그것이 로봇에게 입력되고 나면 그것은 어길 수 없는 법칙으로 로봇에게 작용합니다. 컴퓨터가 프로그램대로 작동하듯이 로봇은 입력된 프로그램에 따르도록 되어 있으니까요.

로봇에게 이 원칙이 법칙으로 작용한다면 결국 로봇은 '자기 스스로 결정'하는 것이 불가능해지게 됩니다. 이것은 아마도 로봇과 인간의 가장 큰 차이가 될 것입니다. 계산하고 기억하고 판단하는 능력은 가질지언정, 그것을 로봇 '스스로' 하지는 않는다는 것입니다. 프로그램대로 움직이는 것이라면 그것을 자율이라고 할 수 없을 것입니다.

로봇공학자는 기본적인 3원칙 외에도 다양한 프로그램을 입력할 수 있습니다. 그럼, 감정도 입력할 수 있을까요?

로봇공학자가 어떤 상황에 놓일 때 '웃어라', '울어라', '미소 지어라'라고 프로그램을 만들어 입력할 수는 있을지 몰라도 아직은 웃음, 울음, 미소와 함께하는 감정은 입력할 길이 없어 보입니다.

진짜 마음과 가짜 마음

영화에서는 자아의식과 고통, 사랑까지도 느끼는 로봇이 나옵니다. 영화 〈에이 아이(A.I.)〉의 데이빗은 아들을 대신하여 양자로 입양된 '자식 로봇'입니다. 그는 감정을 표현하며 아들의 역할을 훌륭하게 해내지요.

영화 속 데이빗은 정말 감정을 가진 것일까요, 아니면 흉내를 내는 것일까요? 더 중요한 질문은 감정을 가진 척 흉내 내는 것과 진짜로 감정을 가진 것이 어떻게 다른가 하는 점입니다. 물론 누구나 감정을 가진다는 것이 무엇인지 알고 있지만 그것을 어떻게 구별하느냐가 문제인 것이죠.

로봇은 두뇌가 없고 칩과 회로로 되어 있기 때문에 진짜 감정을 표현할 수 없고 흉내만 낼 뿐이라면 지능은 어떤가요. 계산 능력을 지능의 일종으로 본다면 계산기는 인간보다 훨씬 높은 지능을 가졌습니다. 지능과 달리 감정은 기계에선 생겨날 수 없다고 단정 지을 수 있나요?

그럼에도 사람들은 여전히 유기체가 아니라면, 아무리 인간의 모습을 잘 표현해 낸다고 해도 그건 그저 흉내일 뿐이라고 생각합니다. 만일 고장 났을 때 사람처럼 "아야!" 하는 비명을 지르는 세탁기를 만들거나 인쇄를 하면서 흥얼거리는 프린트를 만든다 해도 세탁기가 '고통을 느끼고' 프린터가 '즐거워한다'고 생각하지 않는 것처럼 말입니다.

겉으로 사람과 완벽하게 똑같이 생긴 로봇이라 하더라도 그것이 로봇이라는 사실을 알게 되는 순간 그것이 여태껏 감정을 표현하는 것처럼 보였던 모습은 모두 인간을 흉내 낸 기계음으로 여겨집니다. 그때까지 데이빗에게 마음이 있다고 생각하게 만들었던 모든 '증거'는 무의미해지고 말지요. 왜냐하면 사람들은 인간 또는 유기체만이 감정을 가질 수 있다고 이미 결론 내렸기 때문입니다.

이것은 많은 사람들이 기계에 대해 가진 기본적인 전제입니다. 여기서 출발한다면 인공지능체가 아무리 인간을 정교하게 흉내 낸다고 하더라도 그것을 인간이라 부를 수 없습니다. 그것은 자율적인 것이 아니라 자율적인 것을 흉내 낸 것에 불과한 것으로 보일 테니까요.

인간보다 더 인간 같은 로봇

로봇이 인간의 마음을 가질 수 있을까 하는 문제는 쉬운 질문은 아닙니다. 하지만 인간 마음의 여러 능력 중 몇몇은 컴퓨터가 인간을 따라잡고 있거나 이미 뛰어넘은 것도 있습니다. 컴퓨터의 대표적인 능력인 계산 능력은 인간을 따라 잡은 지 오래되었죠.

단순한 계산뿐만 아니라 체스나 바둑 같은 고도의 전략 게임에서도 컴퓨터는 뛰어난 능력을 보여 줍니다. 세계에서 제일 실력이 좋은 사람과 슈퍼컴퓨터가 게임을 하면 어떻게 될까요? 인간과 컴퓨터의 체스 경기는 1997년부터 실제로 진행되었습니다. 1997년 러시아 체스 챔피언 게리 카스파로프가 IBM 슈퍼컴퓨터 '딥블루(Deep Blue)'와의 대결에서 패했지만 2002년과 2003년에 걸친 여러 차례의 경기에선 인간과 컴퓨터가 무승부를 기록하기도 했습니다. 아직까지는 컴퓨터가 세계 챔피언과 막상막하의 실력을 겨루고 있지만 그렇다고 인간이 더 뛰어나다고 할 수는 없습니다. 적어도 컴퓨터가 여러분은 쉽게 이길 테니까요.

고도의 전략과 추리력을 필요로 하는 체스 경기를 치르는 컴퓨터를 보고 있자면 조만간 인간의 지능이나 마음을 닮은 기계가 출현할 것 같은 생각도 듭니다.

　계산 능력과 추리 능력까지 컴퓨터가 인간의 능력을 따라 잡았습니다. 기억 능력까지 살펴본다면 컴퓨터의 지능은 이미 인간의 능력을 넘어선 것 같습니다.

　사람들에 따라 인간의 기억 용량을 수십에서 수천 테라바이트 정도라고 추측하는데 컴퓨터의 발전 속도를 고려하면 수 년 내에 그 정도의 저장 용량은 집집마다 갖추게 될 듯합니다. 물론 그 안에 들어 있는 정보를 어떻게 끄집어내는가가 중요한 문제이겠지만 저장 용량만 놓고 본다면

컴퓨터가 인간보다 월등하다고 할 수 있을 것입니다.

　인간 마음의 다른 능력은 어떤가요? 인공지능 로봇이나 컴퓨터와 비교하여 어느 것이 더 우수할까요? 만일 미래에 인간의 마음이 행하는 다양한 일들을 똑같거나 혹은 더 잘 해내는 로봇이 만들어진다면 세상은 어떻게 될까요? 인간과의 차이가 오직 '만들어진 존재'라는 것밖에는 없다면 그들을 어떻게 대해야 할지 고민됩니다.

'로봇(Robot)'이라는 말은 1920년 체코슬로바키아의 극작가 카렐 차페크
(Karel Capek)의 희곡 『로섬의 만능 로봇』에서 처음 등장합니다. 체코어 '로
보타(robota)'는 '일하다', 또는 '강제 노동'을 의미하는데 차페크는 그 단어
에서 사람의 일을 대신해 주는 자동기계인 '로봇'이란 말을 만들어 낸 것
이죠. 이후 로봇은 소설과 영화의 단골 소재가 됩니다.

그런데 인간의 일을 대신해 주는 일종의 자동기계는 '로봇'이 등장하기
훨씬 이전부터 존재했습니다. 망치나 톱 등의 도구는 인간의 일을 도와주
고 보완해 줍니다. 하지만 결코 혼자서 그 일을 하지 않죠. 다양한 도구를
발명해서 사용해 온 인류는 언제부터인가 스스로 일을 해내는 도구를 꿈
꾸기 시작했습니다.

일반적으로 알려진 최초의 자동기계는 2천여 년 전 고대 그리스의 수
학자 헤론이 만든 물의 힘으로 작동하는 오르간과 증기에 의해 회전하는
공, 아르키메데스가 만든 스스로 움직이는 천체 모형 등입니다. 이집트의
알렉산드리아에서는 극장에서 자동기계 인형을 사용했다고 전해지기도
하며, 중세시기의 교황 실베스테르 2세는 교황이 되기 전에 말하는 동상
을 만들었다고 합니다.

　동서양을 막론하고 가장 대표적인 자동기계는 시계입니다. 사회가 복잡해지고 정교해짐에 따라 정확한 시간을 알아내는 것은 무척 중요한 일이 되었습니다. 중세 이후 정교한 시계를 만드는 일에 관심이 커져 다양한 형태의 시계가 등장했습니다. 태엽 장치의 힘으로 매 시간 뻐꾸기 소리로 시간을 알려주는 뻐꾸기시계나 물의 힘으로 작동하는 우리나라의 자격루도 일종의 자동기계라고 할 수 있습니다.

　1700년대 서양에서는 정밀 가공 기술이 발달과 기계의 작동원리에 대한 다양한 지식을 얻게 되면서 새로운 기계가 탄생합니다. 자동 '인형'을 만들게 된 것이죠. 최초의 자동기계 인형은 1730년 프랑스의 보캉송이 만든 '플루트 연주자'입니다.

　당시의 자동인형은 주로 태엽을 통해 동력을 얻었습니다. 행진하는 장난감 병정, 헤엄치고 소리 내고 물을 마시는 장난감 오리, 잉크를 찍어 편지를 쓰는 장난감 소년 등이 인기를 끌었습니다. 점차 정교한 자동인형이 등장하게 되었고, 자동인형은 오늘날 로봇의 토대가 되었습니다.

7장

마음은
무엇인가요?

우주에서 가장 특별한 존재

지금까지 마음이 무엇인지를 알기 위한 여행을 해 왔습니다. 그 여행에서 피노키오와 허수아비, 양철나무꾼, 인공지능 로봇까지 다양한 인조인간을 만났죠. 그들은 마음에 대해 고민하는 데 큰 도움을 주었습니다. 그리고 본격적으로 인간의 마음이 어떻게 작동하는지도 살펴보았는데 생각보다 허술한 점이 많아서 좀 놀라기도 했죠.

지금까지 마음에 대해서 생각해 온 방식은 자세히 들여다보는 방식이었습니다. 이제 시선을 밖으로 돌려 마음의 새로운 모습을 알아볼까요?

우주가 아주 크다는 말은 모두 들어봤을 것입니다. 하지만 실제로 얼마나 큰지는 짐작이 되지 않습니다. 실제 우주의 크기는 상상을 초월할 만큼 어마어마합니다. 현재 과학자들이 밝혀 낸 바에 따르면 우주는 그 끝에서 끝의 거리가 400억 광년이라 합니다. 1광년은 빛이 1년 동안 날아가는 거리를 의미하니 400억 광년이라면 빛이 400억 년 동안 날아가는 거리를 말합니다. 단위가 '억'을 넘어서면 현실적으로 가늠하기가 참 힘이 들지요. 그래서 좀 더 쉽게 이해할 수 있는 방식으로 설명하자면 이렇습니다.

현재 인간이 만든 비행체 중에서 가장 빠른 것은 초속 17킬로미터의 속도를 내는 보이저 1호와 2호입니다. 보이저 호는 서울에서 부산까지 날아가는 데 20초밖에 걸리지 않습니다. 그런데 이렇게 빠른 속도로 날아가는 우주선이 출발한 지 거의 40년이 다 되어가는데도 이제야 태양계의 끄트머리를 지나고 있으며 지구에서 가장 가까운 별까지 가려면 수만 년이 더 흘러야 한다고 합니다.

이제 1광년이라는 거리가 얼마나 먼지 대충 감이 오나요? 그렇게 빠른 빛도 우리 은하의 끝까지 가기 위해선 5만 년이 넘게 걸리고, 우주의 끝까지 가는 데에는 400억 년이 걸린다니 우주는 우리가 상상할 수 있는 크기가 아닌 것 같습니다.

그렇게 어마어마한 우주를 여행하며 별의 탄생과 소멸을 지켜보고, 은하계의 탄생과 결합, 별과 별이 충돌하는 모습을 보게 된다면 그건 참으로 장관일 것입니다. 그런데

충돌하는 별들 사이에 우리와 같은 지적인 생명체가 살고 있는 행성이 포함되어 있다고 생각해 보세요. 그래도 여전히 아름답다고 느껴지나요?

지적인 생명체가 살고 있는 별이 충돌하는 모습을 가까이서 지켜본다면 상황은 완전히 달라집니다. 상상만으로도 그 아름다웠던 광경들이 비극적인 모습으로 바뀌지요. 자연의 아름다운 모습이 왜 갑자기 안타깝게 느껴질까요? 무엇이 우리의 느낌을 갑자기 바꾼 것일까요?

그것은 바로 생명체의 존재입니다. 많은 것들이 생겨났다 사라져 가는 우주에서 가장 특별한 것은 생명체, 그중에서도 마음을 지닌 생명체가 아닐까요? 아름다움을 느낄 수 있으며, 기쁨을 함께 나눌 수 있는, 그런 마음을 지닌 존재 말입니다. 마음은 이렇게나 특별한 존재입니다.

과연 우주에는 인간과 같은 지적인 존재가 얼마나 있을까요? 실제로 이런 궁금증을 가진 과학자들이 많이 있었고, 나름대로 해답을 찾기 위해 노력해 왔습니다. '세티(SETI: Search for Extraterrestrial Intelligence)'라 불리는 '지구외문명탐사계획'은 바로 그런 궁금증을 해결하기 위해 기획된 프로젝트였지요.

세티는 1960년 미국에서 시작된 외계의 지적 생명체 탐사 프로젝트입니다. 세티는 우리와 비슷한 수준의 지적인 생명체가 전파를 사용하여 다양한 정보를 주고받는다는 가정 아래 진행되고 있습니다. 세티 프로젝트의 주창자인 드레이크 박사는 우리와 비슷한 수준의 지적인 외계 생명체가 은하계에 얼마나 있는지를 계산하는 공식을 다음과 같이 제안했습니다.

은하계에서 전파를 사용하는 지구 외 지적인 생명체의 수
= ❶×❷×❸×❹×❺×❻×❼

여기서 각 항목은 다음과 같습니다.

❶ 은하계에 존재하는 별의 수

❷ 행성을 거느리고 있는 별의 비율

❸ 각 태양계당 생명이 탄생할 수 있는 환경을 가진 행성의 수

❹ 그중 생명체가 출현하는 행성의 비율

❺ 그중 지능을 가진 생명체가 출현하는 행성의 비율

❻ 다른 세계와 무선통신을 할 의지와 능력을 가진 지적인 사회의 비율

❼ 그 기술 문명이 현재 존속할 가능성

『코스모스』의 저자이며 보이저 호를 하늘로 쏘아 올리는 데 큰 기여를 한 과학자 칼 세이건은 이 방정식의 값을 10으로 제안했습니다. 즉, 은하계 안에 지금 우리 정도의 지적인 능력을 가진 생명체가 10개 정도 존재하지 않을까 하는 짐작을 하는 것입니다. 그의 주장대로라면 은하계에 있는 별 100억 개당 한 개 꼴로 우리와 같은 지적인 생명체가 산다는 말이 됩니다. 현재의 기술로 지구에서 가장 가까운 별까지 가는 데에도 10만 년 가까운 시간이 걸린다고 하니 우주에서 인간과 유사한 지적인 생명체를 만난다는 것은 거의 불가능에 가까운 일이 아닐까 합니다.

물론 이런 계산은 많은 부분 상상에 의존한 것들이라 그 숫자는 완전히 달라질 수도 있습니다. 어떤 사람들은 우주에 우리밖에 없다고 주장을 하기도 하지요. 진짜로 우주에 지적인 생명체가 인간밖에 없다는 생각을 하면 외롭다는 느낌마저 듭니다. 끊임없이 인조인간을 만들어 내려고 노력하는 것처럼 인간은 항상 인간을 닮은 존재를 그리워해 왔으니까요. 그런데 그런 존재들이 우리와 다른 물질로 이루어져 있다는 것이 그리 중요할까요?

무엇으로 만들었는지가 중요할까?

마음을 지닌 존재가 무엇으로 만들어졌는지에 대한 문제에 다음과 같은 상상을 통해 좀 더 고민해 볼 수 있습니다. 벼룩만 한 난쟁이 외계인이 지구인의 머리 안에 들어간다면 어떤 일이 벌어질까요?

외계인들이 지구를 정복하기 위해 탐사대를 파견한다. 그런데 그 외계인들은 무척 작아서 크기가 벼룩보다 작은 세균만 하다. 그 외계인들은 어느 날 지구에 날아와 수지를 인질로 잡고 그의 머리 안으로 들어간다. 발달한 기술로 수지 두뇌의 모든 정보를 읽어 내고, 두개골 대신 뇌의 역할을 하는 기계장치를 설치한다. 그리고 그 안에 본부를 차리고 눈, 코, 입, 귀, 몸의 감각에서 들어오는 정보들을 처리하여 적절한 행동을 취하게 한다. 말하자면 수지는 로봇 태권브이처럼 조종되는 것이다.

수지가 아침에 학교를 가다가 만난 친구들이 인사를 한다. "하이~~" 그러자 외계인들은 눈과 귀로 들어온 그 신호들을 재빨리 본부로 보내고, 본부에선 그 친구들의 몸짓의 의미를 두뇌 정보를 검색하여 알아낸다. 이어 다시 그 정보를 토대로 적절한 손발동작과 입의 움직임을 몸의 각 부위로 보낸다. 이런 식으로 외계인이 지배하고 있는 수지의 몸은 학교에서 공부하고 사람들을 만나고, 친구를 만나고 돌아다니게 되고, 외계인들은 수지를 이용하여 많은 정보를 얻어 낸다.

이런 상황에 놓인 수지는 일종의 로봇과 같은 존재라고 할 수 있지요.

영화 〈에이 아이(A.I.)〉에서의 데이빗, 〈아이 로봇〉의 써니, 외계인의 지배를 받는 수지는 모두 생각하는 장치가 인간의 두뇌와는 다른 물질로 구성되어 있다는 공통점을 갖습니다. 그럼 마음(감정)은 두뇌의 성분이 무엇이냐에 따라 가질 수 있는지 없는지가 결정되는 걸까요? 그런데 사실 외계인이 버린 원래의 수지 두뇌와 외계인이 다시 설치한 저장장치는 같은 역할을 하는 것 아닌가요? 수지의 마음이 바뀌었다, 또는 수지의 마음은 없어지고 다른 마음이 들어앉았다고 말할 수 있을지는 몰라도 수지에게 마음이 없다고 해야 할까요?

로봇이 마음을 가질 수 있는지는 분명 대답하기 어려운 문제지만 적어도 무엇으로 만들어졌는지가 중요하다고 할

순 없습니다. 재료가 무엇인지에 따라 마음의 존재 여부가 정해진다면 큰 고민 없이 로봇에겐 마음이 없다고 결론 내릴 수 있습니다. 아무리 어떤 존재가 인간처럼 행동하고 말하고 생각하고 돌아다닌다 해도 그것이 인간처럼 살과 뼈, 피로 구성된 것이 아니라면, 바로 그 이유 때문에 인간이 아니라고 말할 수 있고, 마음이 없다고 할 수 있습니다. 하지만 이것은 너무 오만한 인간 중심주의가 아닐까요? 마음은 꼭 인간의 몸에서만 나와야 하는 걸까요?

이런 생각을 상상 속의 외계인에게로 확장할 수도 있습니다. 혹시 고도로 진화한 외계인이 존재한다면 그들에게는 마음이 있을까요? 만일 그들에게 마음이 존재한다고 해도 그들의 두뇌는 인간의 두뇌와는 전혀 다른 물질이거나 전혀 다른 방식으로 작동할지도 모릅니다. 인간의 두뇌와 다른 물질로 이뤄진 '두뇌'가 가능하다면 로봇에 마음의 작용을 일으키는 두뇌가 개발될 가능성이 없을 이유는 무엇일까요?

이런 문제에 대한 비판은 '기능주의(functionalism)'라 불리는 새로운 이론에서 제기되었습니다. 기능주의에서 주장하는 바는 중요한 것은 마음의 역할과 기능이지 그것을 실현하는 재료는 중요하지 않다는 것입니다. 마음이 두뇌에서 나오든, 로봇의 CPU에서 나오든, 외계인의 말랑말랑한 녹색 물질에서 나오든 상관없이 그것이 마음의 일을 한다면 그것의 충분히 마음의 자격을 얻을 수 있다는 것입니다. 이 생각은 다음과 같은 사례로 설명할 수 있습니다.

과거에 사용했던 볼록하고 부피가 컸던 브라운관이나 최근 사용하는 LCD 모니터는 영상을 보여 주는 방식이나 재료가 전혀 다릅니다. 하지만 영상을 보여 주는 영상매체라는 점에서는 다르지 않지요. 마찬가지로 필름카메라와 디지털카메라는 작동되는 방식과 재료가 다르지만 이미지를 기록하는 도구라는 점에서 모두 카메라입니다.

그렇다면 인간의 마음은 어떤가요? 마음은 꼭 인간의 쭈

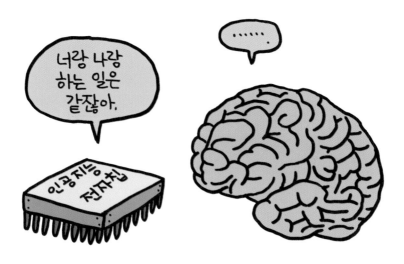

글쭈글한 두뇌에만 담겨 있어야 할까요? 혹시 외계에 존재할지도 모르는 지적인 생명체의 두뇌는 말랑말랑한 녹색 물질이나, 심지어 고체가 아닌 액체나 기체 같은 것으로 이뤄졌을 가능성은 없을까요? 과학이 발달하면 인간의 두뇌에 컴퓨터 저장장치(인공두뇌)를 이식하게 되지 않을까요?

비록 현재의 기술로는 로봇이 마음을 가질 수 없고, 아직 인간만큼 지적인 외계 생명체가 발견되지 않았지만 기능주의자들은 인간과 다른 존재도 마음을 가질 수 있다고 주장합니다.

"꿩 잡는 것이 매다"라는 속담은 기능주의자들의 주장을 한 마디로 정리하는 좋은 예입니다. 꿩을 잡는 게 중요하지 그것이 무엇인지는 중요하지 않다는 뜻의 속담으로 목적을 이루는 것이 중요함을 비유적으로 표현한 말입니다. 마찬가지로 마음을 담아 낼 수 있다면 그것이 사람의 두뇌이든, 로봇의 회로이든, 우주인의 어떤 조직이든 상관 없다는 것이죠. 마음이 무엇이냐의 문제는 그것이 무엇으로 이뤄졌느냐의 문제가 아니라 그것이 어떤 기능을 하느냐의 문제이니까요.

마음의 본질은 무엇인가?

소설 『프랑켄슈타인』에 등장하는 괴물은 살아 있는 인간의 몸이 아니라는 이유로 사람들에게 괴물 취급을 받았습니다. 피노키오도 나무 인형일 때 인간 취급을 받지 못했지만, 요정의 도움으로 인간의 몸을 갖게 되면서 인간 대접을 받게 되었지요.

사람의 기준을 겉모습이나 재질로 판단해야 하는 이유는 무엇인가요? 만일 인간을 생물학적 존재로만 본다면 당연히 무엇으로 이뤄졌는지가 가장 중요한 문제입니다. 하지만 인간은 단순한 생물학적 존재를 넘어서는 존재입니다. 인간은 마음이라는 것 때문에 스스로가 특별하다고 강조합니다. 분명 마음은 온 우주에서 가장 특별한 것이 분명합니다.

"인간이란 무엇인가?", 또는 "마음이란 무엇인가?"라는 질문은 좀 독특한 질문입니다. "우리나라에서 제일 높은 산은 어디인가?"라는 질문에 '지리산'이라고 말한다면 그것이 틀렸음을 보여 줄 객관적인 사실이 존재합니다. 하지만 "우리나라에서 가장 가 볼 만한 산은 어디인가?"라는 질문에 대해 '지리산'이라고 답한다면 그것이 맞는지 틀린지를 따지는 것은 부질없는 짓일 것입니다. '가 볼 만한'이란 표현은 다양한 가치를 함축하고 있으며, 그런 류의 가치는 객관적인 산에 있다기보다는 산을 바라보는 우리의 주관적 경험 속에 자리 잡고 있기 때문입니다. 그리고 주관적인 경험은 사람에 따라, 시대에 따라 달라질 수 있습니다.

"인간이란 무엇인가?"라는 질문은 "물이란 무엇인가? 공기란 무엇인가?"라는 질문과 다른 특별한 질문입니다. 물론 이 질문에 "물이란 무엇인가"라는 질문에 답하는 방식으로 답을 할 수도 있습니다. 하지만 그런 류의 대답은 '인간이란 무엇인가'에 대한 근본적인 답변이 될 수 없습니다.

우리의 질문은 "마음이란 무엇인가?"라는 것이었습니다. 흔히 "○○은 무엇인가?"라는 질문은 사물의 본질을 묻는 질문입니다. 본질이라 하면 사물의 가장 핵심적이고 보편적인 성질을 일컫는 말입니다. 그런데 종종 그 질문에 포함된 '무엇'에 현혹되어 해답을 찾지 못하고 헤매기 일쑤입니다.

컵의 본질은 무엇인가요? 컵의 가장 핵심적이고도 보편적인 성질은 무엇인가요? 무엇인가를 가리켜 컵이라고 부른다면 그것에 컵의 본질적 성질이 들어 있기 때문입니다. 물을 담아서 마실 수 있도록 해 준다면 그것은 충분히 컵이라 부를 수 있습니다. 그것이 도자기이든, 스테인리스이든, 플라스틱이든, 심지어 종이일지라도 물을 담아 마실 수 있게 해 준다면 그것은 컵의 자격을 충분히 갖는다고 할 수 있습니다.

마음은 무엇인가? 마음의 본질은 무엇인가?

이 질문은 애초에 답변하기 힘든 질문이었습니다. 인간의 마음에서 신의 모습을 찾는가 하면, 동물적 본성을 인간 마음의 본성으로 비유해 보기도 했지만 모두를 만족시키는 본질을 찾아내는 것은 쉽지 않았습니다.

영화 속 인공지능체를 보며 마음의 본질, 인간의 본질에 대해 생각하게 되었습니다. 그리고 그 대답은 인간의 마음을 구성하는 물질적인 성질이 아닌 기능적 성질에 있는 것 같습니다. 인간을 인간이게끔 해 주고, 마음을 마음이게끔 해 주는 것은 그것이 무엇으로 이뤄져 있는가가 아니라 그것이 어떤 역할을 하느냐는 것입니다. 그것이 비록 실리콘으로 이뤄져 있어도, 어머니의 태반에서 생겨나지 않더라도, 외계 생명의 것이라도, 기계로 만들었더라도, 그것을 마음이라 부를 수 있을 것입니다. 인간 마음의 본질적 성질만 가지고 있다면 말이죠.

앤드류를 인간이라고 부를 수 있는 것은 그가 인간의 마음을 가졌기 때문입니다. 인간의 마음은 무엇으로 이뤄

졌는가를 통해 정해지는 것이 아니라 어떤 일을 하는지에 따라 규정되는 것이니까요.

마음에 관한 과학과 철학, 심리학의 다양한 연구로 마음의 본 모습이 조금씩 드러나고 있습니다. 연구 결과에서 보여 주는 것은 인간의 마음의 어떤 역할을 하는지, 왜 그런 기능을 하게 되었는지 등의 내용입니다.

이런 생각들을 모아 과연 로봇도 마음을 가진다고 말할 수 있을지 생각해 보았습니다. 아쉽게도 여기서 하나의 결론을 내릴 수는 없을 것 같습니다. 사실 이 책의 시작부터 그 결론을 내릴 생각은 없었습니다. 결국 그 대답은 여러분의 몫이기 때문입니다. 여러분은 영화에서처럼 인간을 닮은 로봇들이 만들어진다면 그것들에게 마음이 있다는 것을 인정할 것 같은가요? 그들의 마음은 우리의 마음과 같은 것이라고 해야 할까요?

그래서 여러분이 생각하는 인간의 마음은 무엇인가요?

18살에 영국의 캠브리지 대학에 입학하여 수학을 공부한 앨런 튜링(Alan Turing, 1912~1954)은 암호학자이자 논리학자이기도 합니다. 특히 컴퓨터의 발전에 지대한 공헌을 했기 때문에 '컴퓨터 공학의 아버지'라는 찬사를 받기도 합니다. 컴퓨터 과학에 중요한 업적을 남긴 사람들에게 매년 그의 이름을 딴 '튜링상'을 수상하기도 하지요.

그의 천재적인 능력은 일찍이 영국 정부에도 알려져 전쟁에서 사용된 독일군의 암호문을 해독하는 등의 활약을 펼치기도 했습니다.

튜링은 인간의 마음에 대한 관심도 높았습니다. 이러한 호기심을 바탕으로 '튜링 테스트'를 고안해 냈지요. 튜링 테스트는 기계가 인간과 얼마나 비슷하게 대화할 수 있는지를 기준으로 기계에 지능이 있는지를 판별해내는 실험입니다.

쉽게 설명하자면 이런 테스트입니다. 당신이 전혀 모르는 두 상대와 인터넷을 통해 채팅을 하는데, 그 채팅 상대 중 하나는 보통의 사람이고 다른 하나는 인공지능 컴퓨터입니다. 어느 쪽이 인간이고 컴퓨터인지는 모르는 상태에서 대화를 나누는 것입니다. 만일 당신이 충분한 시간 동안 대화를 했는데도 누가 컴퓨터인지 확실히 알 수 없다면 그 컴퓨터는 마음이 있다고 해야 한다는 것이 그의 이론입니다. 간단히 말해 인간과 구분할 수 없을 정도로 인간과 닮았다면 그것은 인간의 마음을 가졌다고 말해야 한다는 뜻입니다.

영화 속에서 보아 온 여러 로봇들은 모두 튜링 테스트를 통과할 만큼 인간과 닮았습니다. 튜링이 그런 로봇들을 만난다면 당연히 그들에게도 인간의 마음이 있다고 하겠죠. 그중에 겉모습은 인간과 다른 것도 많이 있습니다. 하지만 튜링에게 그것은 별로 중요하지 않을 것 같습니다.